デービッド・アトキンソン

新・観光立国論

イギリス人アナリストが提言する
21世紀の「所得倍増計画」

東洋経済新報社

はじめに
日本を救うのは「短期移民」である

イギリスで生まれ育った私が日本で生活をするようになって、25年が経過しようとしています。私の半生を振り返ってみると、その多くの時間を「日本経済の分析」に費やしてきたと感じます。

振り出しは1990年、ソロモン・ブラザーズ証券日本支社のアナリストとして銀行を担当したことでした。アナリストの仕事というのは、投資家のために企業の正確な姿を浮き彫りにするような分析をすることです。それが私の師匠であり、「伝説のアナリスト」と呼ばれたトム・ハンリー氏の教えでもありました。

当時は金融バブルがはじけた激動の時代。経営の根幹が揺るぎ始めた銀行の姿を客観的に分析すれば、かなり厳しい内容になります。そのようなレポートを出すたびに、私は銀行幹部から呼び出されて、「何てことを書くんだ」というお叱りやクレームの声を頂戴したものです。そのなかでも、日本の銀行からもっとも大きな怒りを買ったのが、不良債権問題でした。

当時、日本政府や銀行側は不良債権を数兆円と見積もっていましたが、私たちソロモン・ブラザーズが試算するとそんな次元の話ではなく、その10倍近くの20兆円という、驚くような数字が出たのです。このレポートの反響はすさまじいものでした。株式の売り注文が殺到し、会社にも抗議や脅迫のファックスが送られてきて、右翼の街宣車まで押し掛けました。「このレポートは日本経済を壊滅させるアメリカの陰謀だ」という陰謀論が流れることもありました。

もちろん、これが陰謀などではなく、銀行の姿を客観的に分析したごく妥当なレポートだったことは、後に明らかになりました。

言うまでもなく、機関投資家は年金など、個人のお金の運用を任されています。投資家に嘘をついて不良債権を分析せず、銀行株が下がるはずの事実を無視するようなことは、アナリストとしてできません。そのときはマイナスの話だけではなくて、世界の前例から学んで、不良債権という現実と向き合って早めに処分をすれば、被害は軽く済むとも予言をしました。

しかし、残念ながら銀行は私のレポートに耳を傾けることなく、口封じをしたり、隠したり、その場しのぎの会計処理だけやったりして、この問題について何か動くことはなく、結果として不良債権が20兆円を大幅に超えるという結果を招いてしまったのです。

1990年代の後半、私は当時乱立していた大手邦銀はもはや4行しかいらないという「銀行再編」を予測するレポートを出しました。銀行の市場規模を割り出して、それぞれの銀行の規模を照らし合わせて計算すれば当然のように導き出される結果ですが、これも投資家、他社のアナリストからかなりの反発がありました。この分析が妥当かどうかは、現在のメガバンクを数えていただければ明らかでしょう。

日本は「成長しづらい」国になった

このような「分析の手法」は、ゴールドマン・サックス証券にヘッドハンティングされ、2007年に退社するまで、一貫して私が心がけてきたことです。現在、縁があって国宝などの文化財を修繕する「小西美術工藝社」代表取締役社長を務めていますが、経営を分析するときもまったく変わりません。

300年あまりの歴史を誇る老舗企業の経営を改善するため、あるいは職人の技術を継承するなどして「文化財」という業界全体を活性化していくため、私は「分析の手法」をいかんなく発揮しています。事実を客観的に分析して、問題を浮かび上がらせることで、その問題を1つひとつ解決するように努めてきたのです。

ただ、そのような分析をするたびに、先ほどの不良債権問題ほどではありませんが、周囲の人々から反発を受けるというのも、相変わらずです。さすがに「陰謀論」とまで言われることはありませんが、社長になりたての頃は、周囲の一部から「文化財の何をわかっているのだ」「外国人に日本の伝統文化がわかるわけがない」などという厳しい言葉をかけられたものです。

そういう意味では、20年あまりにも及ぶ日本でのアナリスト人生を振り返ると、「事実を客観的に分析して、その結果がどんなに都合が悪くても、人間関係を悪化させようとも、建設的な話ができると信じて指摘した結果、反発を招く」ということの繰り返しのような気もしています。日本ではよく、正論が通らないと言われますが、自分自身の歩みを顧みると、最初は「反発」が強く、絶対に変えることができないと周囲から言われていたことも、問題を指摘し続けていると最終的には何かの拍子で正論が通った、という不思議な現象を何回も体験してきました。よく考えてみると「反発」が強ければ強いほど、そのような現象が起こったような気がしないでもないのです。

今の日本経済を俯瞰してみると、どんなに楽観的な見方をしても、戦後の人口激増時代の反動で、人口激減の時代に入りつつあります。先進国はだいたいどこも人口減少時代を迎えていますが、先進国のなかで日本の人口の激増は異例だっただけに、激減のスピードも異例です。

先進国である以上、ＧＤＰと人口には強い相関関係が確認されていますので、日本はＧＤＰが非常に成長しづらい国になっています。そのため、人口が少ない国のように、１人あたりＧＤＰや幸福指標に切り替えないで、あくまで今までのようにＧＤＰの絶対額を中心に国家を運営しつづけるならば、今まで以上に賢く経済政策を運営する必要があります。

では、「成長しづらい」という未来が約束された日本は、どうすればいいのか考えてみましょう。人口が増えないという現実を変えないかぎり、ただ座して新興国に追い抜かれるのを待ち、その背中を見つめるしかないのでしょうか。

私はそんなことはないと思っています。実は、それこそが本書の主たるテーマなのですが、人口が減っていくこの日本でもＧＤＰを成長させていく方法があるのです。ＧＤＰは、単なる「数字」の問題です。そのような切り口で考えれば、きわめてシンプルな解決策が見えてくるのです。

先進国の基礎ができているかぎり、人口が増えていけば、相関関係のあるＧＤＰも上がっていく。これは裏を返せば、ＧＤＰを成長させたければ、人口を増やせばいいということにほかなりません。

未婚の男女が増えて出生率が下がっているこの国で、人口を増やすといえば、おのずと答えは限られてきます。少子化対策はいろいろ考えることはできますが、これだけではなかなか、激減を止めるのは難しいと思います。

理屈上は、1つには、「外」から外国人を呼んで日本国籍を与え、日本人として受け入れる。つまり、移民政策です。

移民によってGDPが上向くのは、経済の常識です。たとえばカナダにおいては、1990年代の経済成長のおよそ9割が「移民」によるものだったという分析もあるほどです。私の母国のイギリスもこの20年間、移民を主に東ヨーロッパから大量に受け入れてきたことによって、この数年G7の国々のなかで一番成長しています。2014年にはフランスを抜いて、第5位になりました。20年後、ドイツを抜いて第4位になるという予想まであるほどです。この違いは、人口の違いです（2014年には、イギリスの新聞「Telegraph」でも報道されました）。

もしも日本のように、これまで移民というものを受け入れてこなかった国が移民政策を行なえば、その効果は顕著にあらわれるでしょう。人口減少や高齢化という問題もある程度、緩和されるかもしれません。

しかし、これまで事実を客観的に分析することを心がけてきた私に言わせると、この移民政策を実現するには、非常に高いハードルがあります。移民政策は、現実味に乏しい施策であると考えています。

なぜ日本では移民政策が受け入れられないのか

その理由としてまず挙げられるのが、日本人の拒否反応です。ぜひ移民を受け入れるべきだと主張している人は少数で、多くの日本人は移民政策には抵抗があります。さらに、外国人側から見て、日本社会が移民にとって暮らしやすい国かと言われると、そうではないということが挙げられます。

みなさんは日本を住みやすい国だと思っていますが、それはみなさんが自国民だからです。外国人の立場から住みやすいかと問われると、決してそうではありません。日本語という言語は日本でしか使えません。日本の文化や風習を知らない外国人がここで生活をするには、語学習得などの「投資」が必要なのです。日本社会での働き方というのも外国人にはかなり厳しく、移住という特典がなければ、この「投資」を見送るという人が多くなるのは当然です。

日本に世界中からよい人材が集まりにくいという問題が指摘されていますが、根本にはこのハードルの高さがあるのです。私自身も日本で暮らす外国人の1人として、やはり今、日本にいる外国人のレベルが必ずしも高いとは言い難いと考えています。

社会システムから仕事の進め方、そして結婚して家庭をもって子どもを育てる環境など、さまざまな面を考慮すると、二重国籍も認めない今の日本で、外国人が母国の国籍を捨てて日本人になるメリットは明確ではありません。

それに加えて、移民政策にはさまざまな負の側面があるのも事実です。国際社会で大きな問題になっているISISにイギリス人やフランス人が参加していますが、この多くはイギリスやフランスに「移民」としてやってきた元外国人です。彼らは移民先の国での生活になじめなかったことで経済的困窮に陥り、社会への不満が募ったと言われています。それがテロリストに合流する者を生んだり、暴動が起きる原因になっているという見方もあります。

もちろん、日本で移民政策を実現したからといって、すぐにこのような事態が起こるとはかぎりませんし、世界的に見れば移民を受け入れて成功している国は少なくありません。ただ、国際社会でテロの脅威という負の側面がクローズアップされている今、多くの日本人が移民政策というものを即座に受け入れる選択をするというのは、やはり現実的ではありません。

生産性の向上でGDPは上昇するか

このような問題を指摘すると、では移民政策で人口を増やさず、1人ひとりの生産性を上げていけばいいのではないかと主張される方もいます。論理的な解決方法ではありますが、これも試算をしてみると、人口減を上回るほどの効果は期待しづらいという現実があるのです。

その代表が、安倍政権でも成長戦略に掲げた「ウーマノミクス」です。女性を活用することで成長に結びつけようというわけです。これは当然すすめるべき政策だとは思いますが、これも分析をしてみると、効果は一般に言われているほどは期待できません。詳しくは後に説明しますが、「女性の活用で成長」というシンプルアンサーがないことは、数字を見ればわかります。効果はないとは言いませんが、「特効薬」ではないのです。

「短期移民」で日本は成長する

まさしく八方塞がりという感じですが、実は移民政策以外に、1つだけ人口を増やす方法があるのです。

それは「短期移民」です。

なじみのない響きに首をかしげるかもしれませんが、私の考える「短期移民」とは、日本に住み着くことなく、一定期間滞在するだけの外国人のことです。出稼ぎ外国人労働者をイメージするかもしれませんが、「短期移民」は仕事などしません。ただ、日本国内で消費をするだけです。

そう聞いてピンときた方も多いのではないでしょうか。「短期移民」とは、すなわち外国人観光客のことなのです。

移民の問題は、日本に住み着いて、日本人として参政権をもち、そこで仕事をして生活をしていくことのハードルの高さにあることは言うまでもありません。では、それを解決するにはどうするか。住み着かなければいいのです。

一時的に日本に遊びにくる観光客ならば、文化や風習、宗教で困ることはありません。日本人と衝突をすることもないので、無用なトラブルが生まれないのです。ただ、一定期間とはいえ日本に滞在するわけですから、実態としては日本にいる人間の数が急激に増えることと同じになります。先進国としての基盤があれば人口増がＧＤＰに大きな影響を与えることは、先ほど申し上げたとおりです。つまり、外国人観光客という名の「短期移民」は、移民政策のようなデメリットがなく、ＧＤＰを上げる効果が期待できるということなのです。ただし、観光を産業として位置づけるのですから、観光客がお金を落とす機会をもっと用意すること、および、観光客数だけに注目するのではなく、お金をたくさん使ってくれる人々をより多く呼び込む必要があることに注意しなければなりません。

人口が右肩下がりで減っていくこの国において、事実を客観的に分析すると、ＧＤＰを大きく成長させていく方法はそう多くはありません。その有力な１つが、人口減少を補うほど多くの外国人観光客を受け入れる、つまり日本が「観光立国」の道を歩んでいくということにほかならないのです。

日本は「観光立国」になれる潜在力がある

本書でそのような提言をする理由はもう1つあります。実は日本という国は、世界でも数少ない「観光大国」になりえる国の1つなのです。

そう聞くと、日本はすでに「観光大国」になっている、と胸を張る人もいるかもしれません。それはマスコミが、京都などに多くの外国人観光客が訪れており、過去最高の1300万人超になったなどと報じているからでしょうが、残念ながらそれは大きな勘違いです。日本ほどの国で外国人観光客が1300万人しかこないというのは、驚くほど少ない数と言わざるをえません。世界を見渡せばこの2倍、3倍は当たり前です。日本は「観光大国」とはほど遠い、「観光後進国」なのです。

このことは、数字にもしっかりと表われています。図表1をご覧ください。これは、世界経済フォーラムが発表した2015年の「観光潜在力ランキング」と、各国の観光収入をまとめたものです。日本の潜在力は2008年の第23位から第9位へと躍進をとげましたが、観光収入では、ランキング上位15カ国の平均の、3分の1程度しかありません。

図表1　観光潜在力ランキング

順位	国名	観光収入（億ドル）
1	スペイン	676.1
2	フランス	660.6
3	ドイツ	551.7
4	アメリカ	2,147.7
5	イギリス	494.0
6	スイス	199.9
7	オーストラリア	333.8
8	イタリア	461.9
9	日本	168.7
10	カナダ	176.6
11	シンガポール	190.6
12	オーストリア	494.0
13	香港	425.7
14	オランダ	226.7
15	ポルトガル	162.2
平均		491.3

（出所）World Economic Forum の2015年資料より作成

私は、これは本当にもったいないことだと考えています。世界有数の観光大国になりうる潜在力を持ちながら、その強みを、まったくと言っていいほど発揮できていないのですから。

ただし、これは裏を返せば、日本を訪れる外国人観光客はまだまだ増えていく可能性が大きいということです。

そこで本書では、事実を客観的に分析するという私のこれまでの手法を使って、日本が「観光立国」になるためには何が足りなくて、何をすべきなのかを明らかにしていきたいと思います。

私がよって立つ「議論の文化」

ここで、本題に入っていく前に、1つだけお願いがあります。これから私の分析をご紹介していくわけですが、もしかしたら不快に思われる方がいるかもしれません。ただ、私は決して日本を貶《おとし》めようとか、日本を批判しようというようなつもりはないということだけは、ご理解いただきたいのです。

イギリスでは、このようなことわざが古くから伝えられています。

Sticks and stones may break my bones, but words will never harm me.

「石や枝を投げられたら骨が折れるかもしれないけれど、言葉にはその力はない」。これは要するに、何と言われても手を出したり過剰に反応したりすることなく、意見として冷静に受け止めるべきである。そのうえで、その意見を受け入れるかどうかは自分で決めることが大切であり、何か反対意見を言われただけで、心や態度を変えてはならないという教えなのです。

私は子どもの頃、この言葉を親や周囲の大人から毎日のように、まさしく耳にたこができるほど聞かされました。だからなおさらそう思うのかもしれませんが、このような考え方がイギリスのある文化の基本になっていると思っています。

それは「議論の文化」です。イギリスでは議論での攻撃というのは、あくまでもその意見に対する攻撃であって、個人に対する攻撃として受け止めてはならないという文化が、社会全体に浸透しています。私が学んだオックスフォード大学でも、議論に感情を挟むことは許されない、とにかく冷静にということを心がけるよう、徹底的に叩き込まれました。

しかし、この冷静さがときに大きな誤解を招きます。たとえばフランス人はよく「イギリス人は感情がない冷酷な人種だ」などと言います。もちろん、そんなことはありません。ただ、議論に関しては、きわめて冷静に物事の真をつくのが当たり前であり、そこに自分の感情は一切挟まないだけなのです。ちなみに、この「文化」は、不思議なことにアメリカには引き継がれていません。

このイギリスの「議論の文化」というもののおかげで、私自身も日本でずいぶんと誤解をされてきましたが、みなさんが日本人としての生き方や考え方を捨て去ることができないように、私自身もこの「文化」を今さら変えることはできません。

ですので、日本経済、観光をめぐる現実を論じているつもりですが、なかにはきわめて冷徹な印象を受ける方もいることでしょう。二十数年も暮らしているというのに、日本文化や日本人に対する気遣いや恩義のようなものを感じないのかと思う方もいるでしょう。実際に、「あなたはこれだけ長く住んでいて、日本を愛していないのか」と訊ねてくる方もいます。

そのときに、私はこう答えるようにしています。

「好きか嫌いかの問題ではありません。事実を述べているだけです」

冷たく聞こえるかもしれませんが、私は日本に対して、何かネガティブな感情を抱いているわけではなく、不良債権問題を浮かび上がらせたときと同じく、冷静な視点で分析しているだけなのです。

経済の分析に気遣いや愛情を差し挟むと、事実を見えにくくさせます。これは私の二十数年のアナリスト人生で守ってきたポリシーです。もちろん私も神様ではありませんので、誤解している部分もあります。ただ、少なくともアナリストとして恥じないような、「数字」に基づいた客観的かつ建設的な分析を心がけたつもりです。そこだけは理解して、お読みいただければ幸いです。

繰り返しになりますが、人口減を吸収して、かつＧＤＰの絶対額を増やしていくには、相当なＧＤＰの増加が必要であり、賢く工夫して全力で対応しなければいけないのは明らかです。そのなかの１つの施策として「観光立国」というものが非常に有効だということを、本書ではさまざまな数字に基づいてご説明していきたいと思います。

私が提唱している「短期移民」という考え方によって、20年以上暮らしてきたこの国に、少しでも明るい未来の兆しをつくることができれば、これほどうれしいことはありません。

２０１５年５月

デービッド・アトキンソン

目次

新・観光立国論

デービッド・アトキンソン

はじめに　日本を救うのは「短期移民」である

第1章　なぜ「短期移民」が必要なのか

第4章 「おもてなしで観光立国」に相手のニーズとビジネスの視点を

第5章 観光立国のためのマーケティングとロジスティクス

第6章 観光立国のためのコンテンツ

第1章
なぜ「短期移民」が必要なのか

GDPは主に人口によって決まる

「観光立国」の有効性についてわかっていただくには、まずは大前提として、日本経済が「成長しづらい」という問題の根幹に何があるかを知っていただく必要があります。

成長の目安というのは、言わずもがな、GDPです。GDPというのはわかりやすく言えば、「国内で1年間に生産されたモノやサービスの価値の総和」であり、基本的な考え方としては「最終消費支出＋投資＋在庫増加＋輸出－輸入」という算出方法で導き出されます。

もちろん、実際にはもっと複雑な計算方法ですが、このようにGDPの構造を分解すれば、GDPは絶対額にほかならず、総額なので、「人口」と強い相関関係があるのはご理解いただけるのではないでしょうか。生産性が同じA国、B国があったとして、A国が5000万人、B国が1億人の人口であれば、GDPではB国が上に行くのは自明の理です。

図表1－1をご覧ください。これは各国の人口とGDPを一覧にしたものですが、先進国においては、人口とGDPの相関関係は一目瞭然です。注目すべきは、一定の人口以上の先進国の1人あたりGDPというのは、意外にもあまり変わらないという点です。この事実からも、先進国のなかの順番はおおよそ、人口によって左右されるということが導き出されるのです。

図表1-1　各国の人口、GDP、1人あたりGDPの比較

国名	人口（万人）	GDP（100万ドル）	1人あたりGDP（ドル）
アメリカ	32,070	17,418,925	54,316
中国	136,930	10,380,380	7,581
日本	12,691	4,616,335	36,375
ドイツ	8,093	3,859,547	47,693
イギリス	6,480	2,945,146	45,450
フランス	6,611	2,846,889	43,064
ブラジル	20,418	2,353,025	11,524
イタリア	6,079	2,147,952	35,335
インド	126,999	2,049,501	1,614
ロシア	14,627	1,857,461	12,699
小計	370,996	50,475,161	13,605（平均）
世界合計	724,000	77,301,958	10,677（平均）

（出所）IMFの2014年データ（GDP）、2015年データ（人口）をもとに作成

近年、中国が経済規模でトップクラスになり、日本のGDPを追い越したのも、中国の人口の多さを考えれば当然の結果です。中国の人口は14億人弱ですから、国としての基礎ができれば、1・3億の人口がいる日本人の10分の1程度の生産性になるだけで、かつての日本のように「世界第2位」の位置までGDPが押し上がるのです。客観的に見ると、たしかに中国は経済大国になりましたが、1人あたりGDPという視点で見ると先進国ではないのは明白です。つまり、この事実からも、経済規模と1人あたりGDPで見れば、先進国のなかの順番というのは人口の順番に比例しているということがわかるのです。

日本は世界242の国と地域のなかで、人口1億人を超える12カ国のなかの10番目に位置しています。先進国のなかでも平均的な1人あたり

GDPを達成すれば、高い順位になるのは当然です。ヨーロッパのなかからトップ3にランク入りをする国がないのは、ただ単にヨーロッパには人口1億人を超える国家が存在しないからなのです。

つまり、身もふたもない言い方をしてしまうと、ある程度の基礎ができると、GDPはその国の技術力だとか、ポテンシャルより、人口の増減によって大きく左右されるものなのです。

経済メディアや経済評論家は、ヨーロッパにおけるドイツの優位性を「技術力」や「国民性」で説明する傾向があります。そのような要素がないとは思いませんが、数字で見るかぎり、人口以上に説得力のある要素はありません。つまり、「技術力」や「国民性」というのは二次的な要素としか言いようがないのです。

同様のことは、アメリカにもあてはまります。「沈みゆく大国」などの表現を用いて、アメリカの経済的優位性の終焉を予想する人が多いですが、世界第3位である3億2000万人の人口を誇る国家は、そう簡単には弱体化しないはずです。

よくイギリス人の間では、「イギリス人は発明が上手だけど、商品化は下手で、商品化はいつもアメリカにとられてしまう」などということを言っています。これも客観的に見てみると、科学的根拠のある話ではありません。

世界第22位の人口であるイギリスの市場とアメリカの市場を比較すれば、結果は明らかでしょう。商品化が下手というよりは、アメリカのマーケット規模に勝てるはずがないです。世界で名のある自動車メーカーは開発力以前に、そもそも大きな自国マーケットをもっています。つまり、それなりの人口規模がある国は、それだけで経済には有利なのです。

このように言うと、人口だけで見れば、インドネシアなどの人口の多い国は経済大国になっているはずじゃないかなどという指摘を受けますが、私は人口がすべてだと申し上げているわけではありません。一定の経済の基礎ができた先進国のなかの順番を決定するもっとも強い要素が、人口だと言っているだけです。

それを象徴するのが、ゴールドマン・サックスのエコノミストであるジム・オニール氏が提唱した「ＢＲＩＣｓ」です。これはブラジル、ロシア、インド、中国が、非常に大きく生産性を上げているという話ではありません。この4カ国はすべて人口が非常に多いので、1人あたりの生産性がそこまで高いレベルに行かなくても、基礎さえできあがってくれば絶対額のＧＤＰでは経済大国の仲間入りをするという結論なのです。

ここで日本に話を戻しましょう。一部の人は、日本は技術力がすごい、日本人はよく働くという点を取り上げて、日本経済は世界第2位になったという説明をしますが、客観的に分析すれば、それだけではないということなのです。日本の技術の素晴らしさや勤勉さというのは間違いありませんが、因果関係や日本の1人あたりGDPが世界第26位であるという事実も考慮すると、そういう要因だけで日本経済が世界第2位になったわけではないのです。

日本で暮らしているみなさんからすると、あまりそのイメージはないかもしれませんが、実は日本は世界でも有数の「人口大国」なのです。日本は、1億人の人口を有しながら一定の生産性を維持しているから、世界第2位の経済大国になりました。日本のすごい点は、1億人以上もの人口を有しているのに、先進国になっているということです。ほとんどの先進国の人口は、約3000〜6000万人に集中しています。1億人以上の人口を有している国で先進国なのは、日本とアメリカだけなのです。

もちろん、これまで申し上げたように、私は決して日本の技術力などを否定しているわけではありません。そもそも技術力がなければ、先進国のなかには入っていないはずです。ただ単に、アメリカが第1位、日本は第3位で、ドイツが第4位である理由を説明するときに、アメリカの技術が日本より上だから、ドイツの技術が日本より下だからという説明は間違いで、技術などの要因だけでは、先進国のなかの順番の説明はつかないと言いたいのです。

なぜ日本は、高度成長を達成できたのか

経済大国というものが人口によってつくられているという基本的な構造がわかっていただけたところで、次に日本の高度経済成長を分析する必要があります。なぜなら、あの時期に本当は何が起きて、日本経済が発展したのかということを正しく認識しないことには、これからの日本経済の動向はわからないからです。

経済の教科書などを見てみると、日本は戦後、あたかも途上国から先進国に高度成長してきた国であるかのように書かれていることが多いように思います。勤勉さ、技術力、職人魂などが成長のカギだったと言われます。これを否定するわけではないのですが、このような要素が成長にどこまで決定的な影響を与えたのかという因果関係は、冷静に分析する必要があると考えています。

また一方で、このような「戦後に急成長」という主張は、戦前の日本の実情を正しく理解していないと感じます。実は大正時代に、日本はすでに先進国のなかでも高いレベルの経済を達成していました。図表1‐2をご覧ください。1939年には、GDPで世界第5位のフランスとあまり差のない第6位でした。つまり、日本は戦前からすでに経済大国だったのです。そう

図表1-2　各国の人口、GDPの増減

●人口

国名	1939年（万人）	1945年（万人）	1939年比増減（%）	2013年（万人）	1945年比増減（%）
アメリカ	13,216	13,993	5.9	31,863	127.7
ロシア	10,930	11,033	0.9	14,607	32.4
イギリス	4,776	4,919	3.0	6,411	30.3
ドイツ	7,938	6,514	−17.9	8,078	24.0
フランス	4,150	4,051	−2.4	6,596	62.8
日本	7,308	7,200	−1.5	12,713	76.6
イタリア	4,402	4,542	3.2	6,076	33.8
合計	52,719	52,251	−0.9（平均）	86,343	65.2（平均）

●GDP

国名	1939年（100万ドル）	1945年（100万ドル）	1939年比増減（%）	2013年（100万ドル）	1945年比増減（%）
アメリカ	864,010	1,646,690	90.6	16,799,700	920.2
ロシア	430,310	333,660	−22.5	2,118,006	534.8
イギリス	286,950	331,350	15.5	2,535,761	665.3
ドイツ	241,100	194,680	−19.3	3,635,959	1,767.7
フランス	198,940	101,190	−49.1	2,737,361	2,605.2
日本	196,040	98,170	−49.9	4,901,532	4,892.9
イタリア	151,090	85,430	−43.5	2,071,955	2,325.3
合計	2,368,440	2,791,170	17.8（平均）	34,800,274	1,146.8（平均）

（出所）IMFのデータをもとに作成

でなければ、日露戦争に勝つこともできませんでしたし、太平洋戦争でアメリカが参戦してくることもありませんでした。

戦争によって、そんな経済大国としてのベースが一度は大きく崩されましたが、その分だけ「戦後復興」による経済成長が大きく貢献しました。

それに加えて、経済成長を後押ししたのが人口増です。つまり、復興に加えて、戦後のベビーブームに象徴される、先進国にあまり例

のない人口の激増が大きく寄与したことで、高度経済成長を成し遂げてきたのです。

移民を多く受け入れてきたアメリカを除いて、他の先進国は、戦後から直近まで、人口が平均1・3倍になっているのに対して、日本は約1・8倍に増えました。多少粗い試算ですが、戦後の人口がドイツ並みにしか伸びなかったと仮定し、人口に今現在の日本人1人あたりGDPをかけると、日本経済は第2位にはならず、ドイツ経済を抜くことができなかったという試算になります。高度成長によって日本が世界第2位の経済大国になったのは、一定の生産性を維持しつつ、人口が1億人を超えたことが主な要因なのです。

高い技術力や勤勉な働き方などの要因が利いていないとは言いませんが、国全体を見れば、日本の生産性は高くありません。図表1-3をご覧ください。各国の生産性を示す購買力平価で見た「1人あたりの名目GDP」を見ると、日本は世界で第26位。日本人の潜在能力を考えると、これはきわめて低い順位と言わざるをえません。

GDPという「数字」を客観的に見れば、技術などだけでは高度経済成長の説明はできません。急激な人口増がなければ、日本は世界第2位の経済大国になることができなかったというのは、どうやっても動かし難い現実なのです。ただ、ここで誤解のなきように強調しますが、ここで私が言いたいのは、人口が増えれば単純にGDPが増えるわけではないということです。先進国としての基礎がしっかりとできあがったうえで、人口が増えれば、GDPが増えるのは当然だ

図表1-3　1人あたり名目GDPランキング

順位	国名	1人あたり名目GDP（ドル）
1	ルクセンブルク	111,716
2	ノルウェー	97,013
3	カタール	93,965
4	スイス	87,475
5	オーストラリア	61,219
6	デンマーク	60,583
7	スウェーデン	58,491
8	サンマリノ	56,820
9	シンガポール	56,319
10	アメリカ	54,596
11	アイルランド	53,461
12	オランダ	51,372
13	オーストリア	51,306
14	アイスランド	51,261
15	カナダ	50,397
16	フィンランド	49,496
17	ベルギー	47,721
18	ドイツ	47,589
19	イギリス	45,653
20	フランス	44,538
21	ニュージーランド	43,837
22	アラブ首長国連邦	43,179
23	クウェート	43,103
—	香港	39,871
24	イスラエル	36,990
25	ブルネイ	36,606
26	日本	36,331

（出所）IMFの2014年データをもとに作成

ということが言いたいのです。

　このような現実のなかで、日本も、自国の経済に対する評価にGDPという絶対額目標を使ってきました。この人口に左右されやすい絶対数値というものが、人口が急速に減少していく日本でどのように変貌を遂げていくのかは、もはや説明の必要はないでしょう。

　なぜこのような事実を明確にしなければいけないのかというと、これからの日本経済の成長に何が必要なのかを考えていくためです。

　最近よく、このような論調を耳にします。

「日本は不可能と言われるような奇跡の成長を遂げてきた」「戦争に敗れて、焼け野原の何もないところから、世界に名だたる大企業をつくりあげた」、あるいは「高度経済成長期のような活気を日本経済が再び取り戻すことさえできれば、もう一度大きな成長を遂げることができる。2020年に景気回復の起爆剤となる東京オリンピックだって控えているではないか」などなど。日本人の多くが、1964年の東京オリンピックを境に日本が大きく飛躍したと考えているので、当時の姿と現在を重ねているのでしょう。ですが、やはりこれは非科学的と言わざるをえません。人口が右肩上がりだったあの時代と、人口が急速に減少している現代とでは、状況がまったく異なるのです。

そう言うと、多くの方は不快な顔をします。もちろん、私の意見に対して一定の理解を示してくださる方たちも、それなりにいらっしゃいます。ただ、彼らもやんわりと「あまりそういうことを言わないほうがいい」と忠告をします。そのような方たちのおっしゃることは、だいたいこんな内容です。

たしかに、今のままでは成長は難しい。しかし、日本はノーベル賞受賞者を多く輩出しているように、高いレベルの科学技術や先端テクノロジーを有している。また、アニメやマンガなど世界市場を相手にできるコンテンツなどもある。さらに、女性の労働力など、まだまだ活用できていない部分がたくさんある。「効率のよさ」を追求すれば、成長を続けることは不可能ではない。

これらの主張が正しいかどうかは、本章の後段で検証していくことにしましょう。

人口減少でGDPは減るか

ご存知のように、日本では今、恐ろしいスピードで少子高齢化が進行しています。2014年に発表された厚生労働省のデータによれば、2013年には23万9000人という過去最多の減少をしており、この傾向は加速度的にすすんでいきます。内閣府の『平成26年版 高齢社会白書』によれば、2026年に人口1億2000万人を下回ると、2048年には1億人を割って9913万人になるということです。

先の人口激増が日本の高度成長の説明要因としてきわめて重要だったという理屈から言えば、今後人口が減ればGDPも大きく減るのではないかと言う人もいらっしゃいますが、私はそこまで大きく減少することはないのではないかと思っています。

それは歴史の教訓です。たとえば、ヨーロッパでペストが流行した後、言われるほどの経済的な打撃はなかったと、オックスフォードで学んだことがあります。

会社を経営してみると、感覚的にそれが正しいこともわかりました。仕事量を横ばいにして、社員をある程度削減しても、意外と仕事をこなせることが多いのです。制度そのものが崩れてしまうラインはあるでしょうが、日本全体で見てみると、そこまで深刻な打撃を受けるというのは考えづらいのではないでしょうか。

ただし、激減はしないとしても、今のままではGDPが減ることは目に見えています。よって、これを防ぐことはできるのかということが大切になってきます。

生産性向上でGDPは守れるか

日本人の生産性はそれほど高くないことを紹介しましたので、これを向上させることで、人口減少分を補うことができるのかどうかを考えていきましょう。

図表1-4をご覧ください。2013年の日本の人口は約1億2700万人で、GDPは約4兆6000億ドル、1人あたりの名目GDPは3万6375ドルでした。人口5000万人を上回る先進国の1人あたりGDPの平均は4万6978ドルですから、これは先進国にしては、かなり低い数値と言わざるをえません。

多少問題は残る考え方ですが、わかりやすく説明すれば、日本社会の効率性が上がって1人あたりGDPがこの4万6978ドルになったとすれば、人口が9913万人に減った場合、GDPは約4兆7000億ドルになります。ですから、人口が減っても、意外にGDPは減らず、横ばいだと考えられます。つまり、効率性向上というのは、GDPの維持にはたしかな効

図表1-4　先進国の人口、名目GDP、1人あたり名目GDP

国名	人口（人）	名目GDP（100万ドル）	1人あたり名目GDP（ドル）
アメリカ	320,698,000	17,418,925	54,316
日本	126,910,000	4,616,335	36,375
ドイツ	80,925,000	3,859,547	47,693
イギリス	64,800,000	2,945,146	45,450
フランス	66,109,000	2,846,889	43,064
イタリア	60,738,845	2,147,952	35,335
合計	720,230,845	33,834,794	46,978

（出所）IMFの2014年データ（GDP）、2015年データ（人口）をもとに作成

果があるのです。

ただ問題は、効率性向上は、人口減少を吸収するくらいの力はあっても、GDPを成長させるほどの力があるのかどうかということです。先ほどの図表1-3をご覧ください。世界でもっとも効率的な国は、ルクセンブルクです。ルクセンブルクくらいまで効率を上げていくことができれば、日本経済も大きく伸びるのではないか、と思うのは当然でしょう。

たしかに、ルクセンブルクやノルウェーという人口の少ない国家の水準まで日本経済の効率を上げればGDPは伸びますが、人口が5000万人を上回る国家の場合、どんなに効率を上げても、1人あたりのGDPは国際平均に収斂されていくのです。ルクセンブルクは人口が約56万人しかいないから平均を上回ることができますが、国が大きくなればなるほど、先進国平均を大きく上回ることが難しいと言われています。つまり、効率性を上げていくということは、これからの日本に必要なことではありますが、それだけではこれまでの

ような「大きな成長」は期待できないのです。

ウーマノミクスでGDPは成長するのか

ここまで読んでいただくと、日本のGDPがもはや成長しづらいというのは、日本人の力不足とか、経済力の低下などという抽象的な問題ではなく、単なる「数字」の問題だということがわかっていただけると思います。

このような傾向は、アニメやマンガ、先端医療などにも言えます。これらは間違いなく日本の「強み」かもしれませんが、これらが世界的に高く評価され、経済に好影響を与えることになったとしても、GDPはさして大きな成長はしません。せいぜい横ばいか、よくて微増程度のプラスにしかならないのです。

効率化によるプラスが人口減を相殺するというのなら、そこからさらに効率を上げていけばいいという考えも当然出てきます。その代表が、女性の社会参加を促進する「ウーマノミクス」ではないでしょうか。

実は私がいたゴールドマン・サックスでは、かねてよりウーマノミクスを推奨しており、その効果を試算しています。日本における男性就業率まで女性就業率を上げると、710万人の新規雇用と、ＧＤＰにして12・5％の成長の余地があるということでした。

それを聞くと、ウーマノミクスは素晴らしく効果の出る「特効薬」と思うかもしれませんが、このような机上の空論だけではなく、事実にもしっかりと目を向けるべきです。

まず、男性の就業率と女性の就業率を同じにするという話ですが、実はこれが実現できているのは、アフリカの４カ国しかありません。先進国では皆無ですので、不可能な目標だと思います。とはいえ、Index Mundi によりますと、直近では、日本の女性就業率の男性就業率に対する比率は、世界１７８カ国中第１１１位でした。

図表1-5をご覧ください。世界銀行のデータによれば、日本の男性就業率に対する女性就業率は76％です。平均の85％を下回ってますから、手を打てば大きな効果が期待できるという主張はわかります。

ただし、これはあまりに表面的な分析であり、より深い分析をしなくてはいけません。日本と海外それぞれの特徴を比較しないで安易な結論を出すのは非常に危険だからです。

そのような観点でもう1度分析をしてみましょう。まず現状では、日本人女性の就業率は65％で、平均の68％に対して、少し低い程度でした。また日本人男性の就業率は85％と、人口１０００万人以上の先進国の中でトップなので、日本人男性就業率に対する女性就業率の割合が低いのは、男性就業率が高いからだということがわかります。

図表1-5　男女別就業率の比較（15〜64歳）

国名	女性（%）	男性（%）	（女性/男性）	人口（万人）
中国	70	84	83	136,939
アメリカ	66	77	86	32,083
ロシア	69	79	87	14,627
日本	65	85	76	12,691
ドイツ	72	83	87	8,093
フランス	67	75	89	6,611
イギリス	70	82	85	6,480
イタリア	54	74	73	6,079
韓国	56	76	74	5,134
スペイン	68	80	85	4,646
カナダ	75	82	91	3,570
オーストラリア	71	83	86	2,382
オランダ	74	84	88	1,690
ベルギー	62	73	85	1,124
スウェーデン	79	83	95	976
オーストリア	71	82	87	858
スイス	78	89	88	821
香港	60	79	76	726
デンマーク	76	81	94	566
シンガポール	65	82	79	547
ルクセンブルク	62	75	83	56
平均	68	80	85	

（出所）世界銀行の2013年データをもとに作成

実は、女性の就業率を男性と同じ水準、すなわち85%まで高めるべきだという指摘は、間違えた前提によるものです。海外では、女性就業率を高めることによって、男性就業率がある程度低下するという影響が確認されています。いわゆる「男性不況」（mancession）です。日本では男性就業率が平均をかなり上回っていますので、男性不況の影響が海外より大きい可能性があります。つまり、女性就業率を海外のように上げるべきだという指摘は、この事実を無視した、浅い分析と言わざるをえ

図表1-6　年齢別サラリーマンの平均年収

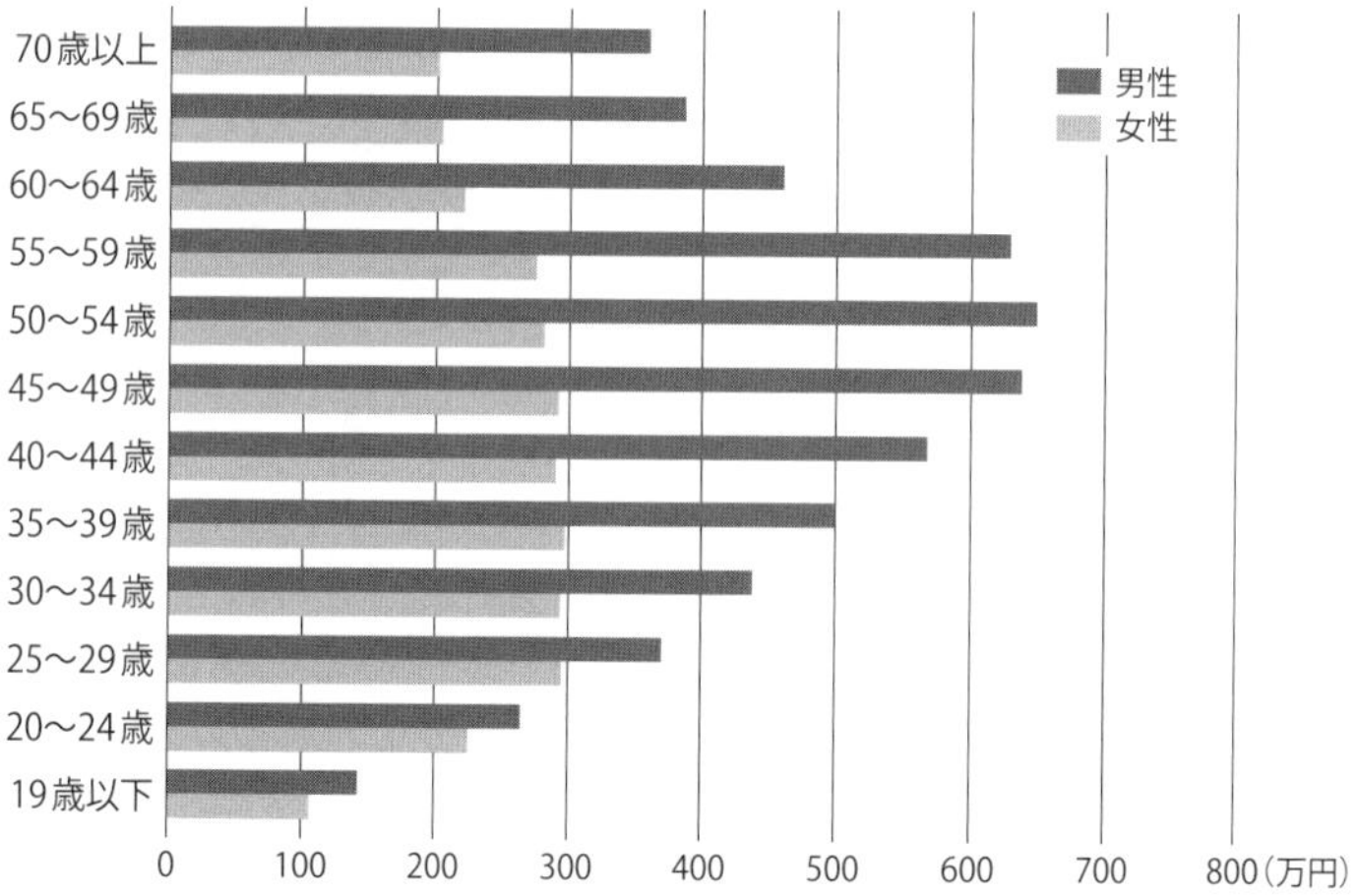

（出所）国税庁「平成25年分民間給与実態統計調査結果」より作成

ません。それどころか、このようなマイナス面を無視して、単純に710万人の新規雇用につながるという甘い言葉を囁くのは、非常に危険だと感じます。

このような間違いが生まれる原因は、図表1-5から読み解くことができます。この図表は15〜64歳のデータであることがポイントです。日本は、65歳以上の割合が一番多い先進国で、高齢者は女性比率が高いのです。15歳以上全体で計算をすると、女性就業率を高めるべきという指摘は、実は女性高齢者の就業率を高めるべきという指摘であることがわかります。

個人的には65%という女性の就業率を増やしていくよりも、女性の働き方を変えていくことのほうが先決のような気がしています。

国税庁の数字を見ると、男性の給与に比べて、女性の給与水準はかなり低いのが現状です（図表1–6）。少し問題のある見方ですが、そのギャップは差別ではなく、実際の経済貢献によるものだとするならば、女性がしている仕事を変えて、貢献度合いを高め、その貢献にふさわしい給与を出すべきだと言えるでしょう。

というのも、実は私は、先ほど申し上げた日本人の効率性向上を実現していくためのカギが、女性にあると思っているからです。日本は女性の働き方の効率がよくありません。よくないということは、逆によくなる伸び代があるということです。人口減少のなかでGDPを維持するためには、女性の給与アップ、すなわち客観的に見て今の時代には不要な書類を簡略化するなど、女性の仕事の「中身」の変化が欠かせないと思います。ただ、これは先ほども申し上げたように、あくまでも維持であって、「大きな成長」が望めるものではありません。

「賢い経営」の時代に入った

日本経済の本質的な問題を、ご理解いただけたと思います。「人口が多い」ということがかなり有利に働いてきたという意味において、1990年代までの日本経済は、今に比べてかなり成長しやすかったと言えるのではないでしょうか。

戦争によって失われた設備を復興させて、有利な為替レート、真面目な国民、高い教育水準、輸入規制と外資系企業の参入制限、それに加えて消費者増加をともなう人口激増というさまざまな追い風を受けていたので、政治も経済もきわめて順調だったのです。

これは極論かもしれませんが、日本という国の戦後は、あまり大胆に制度を変えずに、管理と維持さえしっかりとやれば、物事が好転していく環境が整っていたのかもしれません。事実、リスクをとることもなく、何もしないでじっとしているほうが「得策」とよく言われたものです。それが徐々に通用しなくなってきたのは、バブル崩壊、そして銀行の膨大な不良債権が明らかになった頃からでしょう。

私がアナリストとして分析をしていた頃の大手銀行の役員は、今思えば、文字どおりの「管理職」だったと思います。これまでのシステムを維持して、ルールに基づいて管理をする。そういう意味では、みなさん優秀な管理職ではあったかもしれませんが、予想外の出来事や、厳しい決断を下すことが求められる「経営者」ではありませんでした。それが不良債権問題の根幹にあるような気がしています。

あの時代を経て現在にいたるまで、日本経済の舵取りはかなり難しいことになってきたと感じています。

かつてのような楽観主義では解決できません。高度な分析力に強い決断力、そして徹底した実行能力がますます求められています。これはつまり、「賢い経営」の時代がやってきたということだと思っています。中途半端な分析をして、「これをやれば日本経済は復活だ」というような単純なシンプルアンサーを求めてしまうのは、非常に危険ではないでしょうか。

ただ、先ほども申し上げたように、日本は先進国としての基礎はしっかりとできています。人口減少はたしかに大きな問題ではありますが、すぐにGDPが激減するというものでもありません。必要以上にマイナス思考になる必要もないと私は考えています。

成長していない分野を伸ばせば成長するということですから、そのためにやるべきことをしっかりとやっていく。それさえできれば、日本もまだまだ成長を続けられると信じています。

「やるべきこと」の1つが、冒頭で申し上げた「短期移民」なのです。

第2章
日本人だけが知らない「観光後進国」ニッポン

「観光立国」とは何か

今の経済構造の下では、どんなに日本人1人あたりの生産性を向上させたところで、今のGDPを維持するくらいがやっとだというこれからの日本において、維持ではなく「成長」を目指すための1つの解決策に「短期移民」という考え方があることは、「はじめに」で申し上げたとおりです。

人口が減っていく日本において、移民というリスクを背負い込むことなく、人口増加分の経済効果が望めるのは、短期間だけ日本に滞在してお金を落としてくれる外国人を増やす、つまり「観光立国」だというのは、きわめて合理的な考え方なのです。

昨今、これからの日本の「成長戦略」というものが論じられることが多くなってきましたが、「観光立国」もその選択の1つになってくるのは間違いありません。

では、「観光立国」になるためにはどうすればいいのでしょうか。そのような話をすすめていく前に、まずは大前提として、「観光立国」とは何かということからお話をしていきましょう。

一般的には、「観光立国」とは、その国がもつ特色ある自然環境、都市景観、美術館・博物館などを整備することで国内外の観光客を誘い込み、観光ビジネスやそこから波及する雇用など、人々が落とすお金を、国の経済を支える基盤の1つとして確立することだとされています。

つまり、「観光立国」という言葉に、何か明確な定義があるわけではありません。外国人観光客が年間これだけ訪れたから、観光産業がこれだけの経済規模になったからといって、「観光立国に成功」というものではないのです。ただし、「観光立国」と呼ぶにふさわしい最低限の〝基準〟はあります。

それは、国連世界観光機関（ＵＮＷＴＯ）による、世界の観光における指数を見れば明確に浮かび上がってきます。

２０１４年の報告では、世界の観光産業は、直接的、間接的及び誘発的な影響も含めると、全世界のＧＤＰの９％を占めています。また、11人に１人を雇用しており、観光輸出額は１・４兆米ドル。これは全世界の輸出額の６％を占めているとされています。さらに、すべてのサービス業の輸出額の29％を占めているというデータもあります。

これらの指数を「世界平均」ととらえれば、少なくともこの平均値をクリアしていることが、「観光立国」の最低条件と言えなくもなさそうです。そのなかでも特にわかりやすいのが「ＧＤＰの９％」という目安でしょう。観光が国の経済を支える基盤になっているということを示すには、これ以上ないほど明確な数字です。もうひとつは、ＧＤＰに対する外国人観光客から得た収入の比率です。そこで図表2-1をご覧ください。日本の低さがきわだっていることが

図表2-1　GDPと観光収入

国名	観光収入（100万ドル）	GDP（100万ドル）	GDPに占める割合（%）
アメリカ	214,772	17,418,925	1.2
スペイン	67,608	1,406,855	4.8
フランス	66,064	2,846,889	2.3
イギリス	49,404	2,945,146	1.7
イタリア	46,190	2,147,952	2.2
オーストラリア	33,376	1,444,189	2.3
オーストリア	22,618	437,123	5.2
オランダ	22,667	866,354	2.6
合計	522,699	29,513,433	1.8
日本	16,865	4,616,335	0.4

（出所）世界銀行の2013年データをもとに作成

わかるでしょう。

全世界の国際観光客到着数は、１９５０年にはわずか２５００万人でしたが、その30年後の１９８０年には２億７８００万人、さらに15年後の１９９５年に５億２８００万人、そしてついに２０１３年には10億８７００万人と、すさまじい勢いで膨れ上がってきました。

さらにＵＮＷＴＯの長期予測によれば、これから２０３０年までの間に、国際観光客数は年平均３．３％増加していくということですから、この試算が正しければ今の１・７倍、年間18億人に届くことになります。

これだけの「客」がいて右肩上がりの成長をしていく市場というのは、世界を見回してもそれほどありません。「観光」というのは、世界的に見て発展、繁栄が約束されている市場なのです。

つまり、やるべきことをしっかりとやっていけば、この大規模かつ世界的な潮流のなかで、日本の観光ビジネスを飛躍的に成長させることは、決して不可能ではないのです。

世界の「観光立国」の姿

「観光立国」というものの目安がわかったところで、次は世界から「観光立国」として認識されているのはどのような国なのかを見ていきましょう。

「観光」というビジネスは、客である外国人観光客がいなければ成立しません。ですので、まずはこの「客」に着目します。世界から「観光立国」として認識されているか否かという基準で言えば、まず考えられるのが国際観光客到着数です。観光立国として認識されている国には、多くの外国人が訪れるはずだからです。

そして次に着目すべきは「お金」です。やってきた外国人観光客がしっかりとお金を落とし、さまざまな国内産業に波及し、その国の成長に大きく寄与しているかということが重要になってきます。これは、国際観光収入という数字からうかがえます。

つまり、この2つの指標によって、「世界に認められる観光立国」というものが浮かび上がってくるのです。

図表**2-2**　国際観光客到着数ランキング

順位	国名	観光客数（万人）	人口（万人）	人口あたり観光客数（%）
1	フランス	8,473	6,611	128.2
2	アメリカ	6,977	32,070	21.8
3	スペイン	6,066	4,646	130.6
4	中国	5,569	136,930	4.1
5	イタリア	4,770	6,079	78.5
6	トルコ	3,780	7,770	48.6
7	ドイツ	3,155	8,093	39.0
8	イギリス	3,117	6,480	48.1
9	ロシア	3,079	14,627	21.1
10	タイ	2,655	6,510	40.8
11	マレーシア	2,572	3,044	84.5
12	香港	2,566	726	353.3
13	オーストリア	2,481	858	289.2
14	ウクライナ	2,467	4,291	57.5
15	メキシコ	2,415	12,101	20.0
16	ギリシア	1,792	1,099	163.0
17	カナダ	1,659	3,570	46.5
18	ポーランド	1,580	3,848	41.1
19	マカオ	1,427	64	2,242.7
20	サウジアラビア	1,338	3,152	42.4
21	オランダ	1,278	1,692	75.6
22	韓国	1,218	5,134	23.7
23	シンガポール	1,190	547	217.5
24	クロアチア	1,096	427	256.7
25	ハンガリー	1,068	985	108.4
26	日本	1,036	12,691	8.2
	合計	74,821	284,044	26.3（平均）

（出所）世界銀行の2013年データより作成

図表2-3　国際観光収入ランキング

順位	国名	収入（100万ドル）	観光客数（万人）	観光客あたり収入（ドル）
1	アメリカ	214,772	6,977	3,078
2	スペイン	67,608	6,066	1,115
3	フランス	66,064	8,473	780
4	中国	56,401	5,569	1,013
5	マカオ	52,326	1,427	3,667
6	イギリス	49,404	3,117	1,585
7	イタリア	46,190	4,770	968
8	タイ	46,042	2,655	1,734
9	香港	42,570	2,566	1,659
10	トルコ	34,863	3,780	922
11	オーストラリア	33,376	638	5,230
12	オーストリア	22,618	2,481	912
13	オランダ	22,667	1,278	1,773
14	マレーシア	21,026	2,572	818
15	ロシア	20,198	3,079	656
16	スイス	19,992	897	2,230
17	韓国	19,287	1,218	1,584
18	シンガポール	19,057	1,190	1,602
19	インド	19,042	697	2,733
20	カナダ	17,656	1,659	1,064
21	日本	16,865	1,036	1,627
	合計	908,024	62,143	1,461（平均）

（出所）世界銀行の2013年データより作成

そこで図表2－2、2－3をご覧ください。これは国際観光客到着数と国際観光収入のランキングです。

まず、観光客到着数は、8473万人のフランスがダントツでトップ。そこにアメリカ、スペイン、中国が続きます。イタリア、トルコ、ドイツ、そして私の母国であるイギリスもランクインして、ロシア、タイという順位になっています。いかがでしょう。みなさんも観光に足を運んだことがある国ばかりではないでしょうか。これらの国々が、「世界に認められる観光立国」とうたってもさしつかえない渡航先なのです。

まだ2014年の世界の数字が揃っていませんので、ここでは2013年のデータを使いますが、日本に訪れた外国人観光客は1036万人で、世界第26位でした。また、違う見方をすれば、同じように歴史や文化に恵まれているヨーロッパ諸国の人口に対する観光客比率が80・8％なのに比べて、日本は、かなり低くなるという特徴があります。この割合は、観光客数が第26位までの国の平均が26・3％なのに対し、日本はわずか8・2％です。

では、もう1つの指標である国際観光収入も見ていきましょう（図表2-3）。こちらも上位は、アメリカ、スペイン、フランス、中国という顔ぶれが並び、中国の特別行政区であるマカオ、イギリス、イタリア、タイ、そしてやはり中国の特別行政区である香港がランクインしています。

この2つのランキングを見比べると、ある事実に気づくことでしょう。顔ぶれがそれほど変わらないのです。上位10カ国中、8カ国が重なっています。無論、それぞれの国で物価の違いもありますから、旅行者1人あたりの支出や、滞在日数などは異なるわけですが、相対的に高いパフォーマンスを上げていることで、それぞれの国は「世界に認められる観光立国」という確固たるポジションを築いているということになります。

この結果を受けて日本が注目すべきは、やはりアジアでしょう。中国はいわずもがなの上位組ですが、マカオ、香港、タイが観光収入でそれぞれ2ケタ成長を遂げています。マカオに関しては、やはりカジノを含むＩＲ（統合リゾート）の効果が大きいのです。マカオは観光客数では世界第19位ですが、観光収入では世界第5位。これを受けて、1人あたりの購買力評価調整済ＧＤＰは14万2599ドルで、世界第1位になっています。先進国平均が4万6978ドルですから、突出して高くなっていることがわかります。

また、タイや香港については後ほど詳しく分析していきますが、アジアからだけではなく、欧米からの長期滞在客をしっかりと取り込んでいる効果がてき面にあらわれているのです。特にタイは国際観光収入が2012年から2年連続で20％超の成長を果たしました。観光客数でも16・2％、18・8％と2ケタ成長をキープしているので、名実ともに「観光立国」の仲間入りをしたと言ってもさしつかえありません。

このような指標から浮かび上がるのは、アジアにおいて「世界に認められる観光立国」といえば、中国（香港、マカオを含む）やタイだということです。では、日本はどれくらいかというと、これらの国から大きく引き離されています。2014年の訪日外国人観光客数が1341万人を突破したと大きな話題になりましたが、これですら「観光立国」であるタイや香港の半分程度の規模なのです。

ＧＤＰでは上位にランクインしてきた日本ですが、こと「外国人観光客からの評価」ということになると、アジアでも劣等生、世界的にはまったくの「ランク外」という有様です。

といっても、ここで悲観する必要はありません。未成長ということは、裏を返せば伸び代がかなり大きいということです。つまり、日本はこの分野においてはまだまだ成長をしていく余地がきわめて大きいということなのです。

問題を洗い出し、改善する

私は、タイや香港にたくさんの外国人観光客がきているという事実も考慮すると、日本が観光地として認識されていないか、もっと言うと、観光地として避けられているのではないかと考えています。

そんな状況では、どんなに大きな声で「観光立国を目指します」と世界中に宣言したところで、外国人観光客は日本にやってきてくれません。スローガンや国際社会へのパフォーマンスよりもまず日本に必要なのは、この国のいったい何が「観光立国」になることを阻害しているのかという根本的な問題を洗い出すことです。そして、それを1つずつつぶしていく、あるいは改善をしていくという、きわめて地味な作業をすすめていかなければいけません。

問題を洗い出すために必要なのは、日本が置かれている状況を正確に判断することです。「観光立国」を目指すというのなら、まずは現時点で、どれだけ「観光立国」とかけ離れているのか、他の先進国と比較してどれだけ外国人観光客が少ないのかということを、正確に知らなくてはいけません。どんな問題解決も、まずは現実を直視して、自分たちが置かれている状況を受け入れないことには、何も始まらないからです。

「観光立国」と「観光大国」

「観光立国」という観点で、日本の「現実」を見つめ直すためには、まずは成功している「観光立国」を形成する条件を知らなくてはいけません。成功している国には何があって、日本には何が足りないのかということから考えてみましょう。

では、「観光立国」になるためには、どのような条件を満たせばいいのでしょうか。それは先ほどの「観光立国」上位ランキング国の姿を分析すれば、すぐに浮かび上がってきます。

いくつかの観光の専門書などによると、「観光立国」には4つの条件が必要不可欠だと言われています。もちろん、4つすべてが揃うに越したことはないですが、このうちのいくつかの条件を伸ばして差別化を図ることで、「観光立国」として成功している例もあります。ですがやはり、「観光大国」という高い評価をされている国というのは、総じてこの4つの条件を満たしています。

その4条件とは「気候」「自然」「文化」「食事」です。これらを1つずつ見ていく前に、ここで「観光大国」という言葉が出たので、「観光立国」と「観光大国」というものの違いについて考えてみましょう。

そもそも、「観光」には、さまざまな種類があります。高級リゾートでゆったりと過ごすことを目的にするような富裕層の観光から、乗り合いバスで観光地をめぐる団体ツアーのような観光まで、目的や対象者は多種多様です。専門書によると、世界では少なくとも20種類以上の観光が確立されているということです。

たとえば、最近注目を集める医療ツーリズム。治療やメディカルチェックを目的とする観光ですが、このなかには出産観光などもあります。その国に観光に訪れて滞在中に出産をすれば、新生児がその国の国籍を取得できるというものです。

また、もっと珍しいところで言えば、危険地帯に足を踏み入れる戦場観光、ブラジルやインドなどの貧困地区を訪れるスラム観光（Slum tourism）などもあります。

このように多種多様な観光が存在するなかで、複数の観光を提供できる国こそが「観光大国」になりえるのです。それはフランスなどを見れば、明らかでしょう。ワイン畑をめぐる観光もあれば、高級ブランドをめぐる観光もあれば、史跡をめぐる観光もできる。1つの国で多くの観光が楽しめるのです。

もちろん、どれか1つに特化して世界に発信することができれば、たしかに外国人観光客はある程度は集まります。しかし、しょせんは1つの観光なので、やってくる観光客数もたかが知れています。つまり、特色のある観光を打ち出すというのは、「観光立国」を目指すうえで施策の1つとして必要なことではありますが、それ単体では「観光大国」にはなれないということです。

日本でもアニメやマンガで観光立国を目指すという動きがあります。たしかに海外のアニメ・マンガのファンが訪れる機会も増えてきていますが、やはりそれはあくまでその分野に興味がある、いわばマニア向けにすぎません。その他の観光も、しっかりと伸ばしていかなければならないのです。フランスのような「観光大国」になるためには、この「も」という考え方はきわめて大事になってくるのです。

観光立国の4条件「気候」「自然」「文化」「食事」

では、話を観光立国の4条件に戻しましょう。

まず1つ目の条件は、「気候」です。異国を訪れる外国人観光客にとって、やはり極端に寒いとか、極端に暑い国のハードルが高いのは、言うまでもありません。もちろん、ハワイのようにリゾートアイランドであれば、1年中常夏のような気候というのは、それだけで大きな観光資源になります。しかし、これもやはり極端に湿度が高かったり、雨期が長かったりというような熱帯雨林のリゾートの場合、多少のマイナスがあります。

そのように考えると、うだるような蒸し暑さというわけではなく、凍えるほど寒くもないという「ほどほど」の気候が「観光立国」には向いているようです。実際に、上位国であるフランス、アメリカ、中国、スペインというのは、極端な気候ではありません。フランスにも雨期や乾期はありますが、基本的に過ごしやすいのです。

同時に、先ほど紹介した「も」のとおり、いくつかの気候が同じ国家にあると、観光大国になりやすいという傾向もあります。たとえば、雪が降るような国であれば、スキーなどのウィンタースポーツが好きな人など、一定の観光客が訪れます。その国のなかで、暑い場所があれば、夏を愛する観光客も訪れます。このような気候の幅の広さは、観光立国では非常に有利に働きます。

その代表的な例が、やはりフランスです。海を隔てたイギリスに比べて、暑い地方もあれば、寒い地方もありますので、いろいろなタイプの観光客を受け入れることが可能なのです。フランスにはスキーが楽しめる山もあれば、ニースのようなビーチリゾートもありますが、イギリスにはスキーを楽しめる山もなければ、雪もあまり降りません。夏も暑くならないので、ビーチリゾートもありません。地理的には近いイギリスとフランスに観光客数で大きな差ができてしまったのは、「気候」に「も」があるかないかが大きいのです。

スイスやドイツを見ても、このことは明らかです。これらの国には壮大な山々がありますので、山好き、雪好き、スキー好きという観光客を受け入れることはできますが、ビーチリゾートが難しいので、フランスよりも外国人観光客を滞在させる能力が劣ってしまうのです。

2つ目の条件は、「自然」です。これは実は非常に大切なポイントです。海外旅行者を多く輩出しているような先進国ともなれば当然、都市化がすすんでいます。それぞれの首都などでは高層ビルが建ち並んでおり、膨大な人口がひしめき合っている住宅地もあります。そのような自分の国から離れて、異国に行くわけですから、高層ビルや近代的な街並みが見たいわけがありません。自分の国ではとても見ることができない雄大な自然、あるいはその国特有の自然環境に影響されたスポットが見たいと思うのは、ちょっと想像すればわかることでしょう。田舎や途上国からの観光客は自然より都市が好きな傾向がありますが、都市に住んでいる人に比べて、落とす金額が少なくなる傾向もあります。

ここには豊かな自然だけではなく、植物や動物も含まれます。アフリカのサファリを訪れる外国人観光客は、広大な大地に生息する動物を見に行きます。イギリスを訪れる外国人観光客のなかには、ガーデニングを見たいという人も一定数含まれています。

実際に、フランスやスペインには、自然を楽しもうという外国人観光客が多く訪れています。フランスでは、アルプスやピレネー山脈、ブルゴーニュなどの田園風景も人気です。また、スペインは地中海に面した海洋型リゾートもあれば、グラナダなどにも豊かな自然があります。アメリカはその広大な土地に、雄大な自然があることは言うまでもありません。グランド・キャニオンや、近年日本でもパワースポットとして知られるセドナに代表されるように、大都市から少し足を伸ばせば、まだまだ手つかずの自然が残っているのです。

3つ目の条件として、これも重要なのが「文化」です。異国の地に訪れたのだから、やはりその土地ならではの異文化に触れてみたいと思うのは、旅人であれば当然抱く自然な欲求でしょう。この「文化」には歴史的遺物・建造物という過去の文化もあれば、現代の文化も含まれます。

たとえば、フランスは誰もが認める文化の国です。芸術の都パリにはルーブル美術館があり、近郊にはヴェルサイユ宮殿があり、はたまた世界のファッションシーンをリードする最先端のファッションブランドやアーティストもいます。そのような意味では、現代と過去の両方の「文化」をもっていると言えます。

一方、アメリカはどうかといえば、ご存知のように、この国には歴史がありません。ネイティブ・アメリカンの文化というものはありますが、外国人観光客のなかで、アメリカの過去の遺物や歴史的建造物を見に行こうという人はかなり少数派でしょう。では、アメリカに文化がないのかといえば、それは誤りで、ハリウッドやディズニーランドに代表される、世界を席巻しているショービジネスやエンターテインメントという「文化産業」がしっかりと確立されています。つまり、これはこれで外国人観光客がアメリカに期待する「文化」になっているのです。

もちろん、それは他の「観光立国」にもあてはまります。ドイツ、イギリス、トルコ、タイ、中国、イタリア……上位にランクインしている国を見れば、ほとんどの国が世界に対して、「文化」と呼ぶにふさわしいさまざまな特色をもっていることがわかります。

そして、最後の条件として忘れてはならないのが「食事」です。上位にランクインしている国名に、それぞれ「料理」をつけてみてください。フランス料理、イタリア料理、中華料理、スペイン料理……残念ながら私の母国イギリスやアメリカはあてはまりませんが、世界でもかなり普及しており、なおかつその国固有の料理として認知されている国が目につくのではないでしょうか。この「食事」というものは、実は外国人観光客を呼び込むには非常に重要なファクターになっているのです。もっとも、食事と食事の間の時間はかなり長いので、やはり他の楽しみとの関わりが大事な条件でもあります。

イギリスは2条件でフランスに劣る

このような4つの条件をふまえて、もう1度先ほどの観光立国の上位10カ国ランキングを見直してみてください。この4つの条件をより多く満たしている国が、しかるべき評価をされているということが理解できます。

たとえば、フランスとイギリスを比較してみましょう。まず「文化」という面ではほぼ同点でしょう。自分の祖国だからというわけではありませんが、イギリスにもフランスに負けず劣らず、長い歴史があり、大英博物館やバッキンガム宮殿などの歴史的遺物も多く残っています。さらに、現代文化という面においても、ファッション、音楽などでも、決して引けをとりません。

「自然」もしかりです。

イギリスにはガーデニングに代表されるような風光明媚な手つかずの自然遺産も文化財も多く存在して、国がかなりの予算をつけて管理しています。このように「文化」と「自然」ではフランスに対して一歩も譲らないイギリスですが、これに「気候」と「食事」という条件が加わると、一気に分が悪くなります。

ご存知のように、ロンドンは霧の都などという評判があるように、たしかにパリに比べて雨が多いことで知られています。せっかく海外旅行へ行っても現地で雨ばかりだったら、やはり面白くはありません。

イギリスは山とビーチリゾートという点でもフランスに後れをとってしまっていますが、さらに致命的なのは「食事」です。世界中から酷評されているように、イギリスは料理があまりおいしくありません。フィッシュ・アンド・チップスを目的にイギリスにやってくる外国人観光客はとても少ないでしょう。「食事」という条件では、フランスと比較して外国人観光客の関心を引くものが存在しないのです。

隣同士なのに、この違いはきれいに数字にあらわれます。4条件をしっかりと満たしているフランスに対して、2つの条件を満たすことができていないイギリス。この差こそが国際観光客到着数の第1位と第8位の差になっているのです。ちなみに、これはドイツにも似た傾向があると考えています。

タイの国策の成果

これは他の国を見ても明白でしょう。たとえば、スペインはフランスに隣接し、ほぼフランスと同じく4つの条件を満たしていますので、観光客数第3位、観光収入第2位という納得の結果になっています。アメリカの場合は山もあれば海もあって、スキーもビーチもワイン観光もありますので、「気候」「自然」は抜群にいいことは言うまでもありません。「文化」という面で見ても、ヨーロッパほどの歴史はありませんが、それを補うような現代アメリカ文化とも言うべきエンターテインメントがあります。3つの条件を満たしているのだから、観光客数第2位、観光収入第1位も当然の結果なのです。

中国に関しては、「気候」も問題なく、「文化」「食事」に関してはまさに世界に誇る独自のポジションを築いています。パンダという世界的な人気者を観光することもできますし、内陸部に行けば雄大な自然があるので、4つの条件をすべて満たしているように思うかもしれませんが、近年問題になっている自然環境破壊が足を引っ張っています。北京や上海など大都市の空気汚染によって、外国人観光客の腰が引けるのは容易に想像できます。実際に観光客数も、2010年には第3位だったものが、2013年にはスペインに追い抜かれました。今後はこの「自然」という条件をどれだけ回復させるのかが、中国の観光立国政策のポイントとなっていくのではないかと推察されます。

このような4条件で観光立国というものを考えると、タイが急成長を果たしているのもよく理解できます。タイには雨期があり、「気候」に多様性がないのは欠点ですが、ほかはかなりいいレベルに達しています。プーケットに代表されるようなアイランドリゾート、北部の森林、そして観光客にも人気の象など、「自然」には事欠きません。その一方で、仏教国として独自の文化もあり、アユタヤのような歴史的遺物も数多く残っています。そしてトムヤムクンに代表されるようなタイ料理というジャンルも確立されており、外国人観光客にとっては、屋台街に代表されるような「食」にまつわる楽しみもあります。つまり、「自然」「文化」「食事」という3つの条件がしっかりと揃っているのです。

ただ、アジアにおいてこのような「観光立国」の条件をほぼ満たしている国は、タイだけではありません。むしろ条件によってはタイよりもはるかに強みがある国がある、と私は考えています。その国とは、ほかならぬ日本です。

4条件を満たす希有な国、日本

まず、「気候」においては非常に「有利」と言えます。よく、日本は「四季」が明確に分かれている唯一の国だという話を聞きますが、欧州の人間からすれば、これはあまり納得できません。このような話がまかり通っているのは、京都あたりで囁かれていた「俗説」がいつの間にか、正しいこととして日本全国に広がったのではないかと思っています。

実際に、北海道や沖縄より四季が明確に分かれている国はいくらでもありますし、イタリアには「四季」という有名な曲もあるように、温帯地域の国はみな日本の気候とあまり変わりがないのです。

では、気候の何が有利なのかと言うと、四季があることではなく、暑い地域と寒い地域の差が大きいことです。つまり、北海道でスキーもできますし、沖縄でビーチリゾートを楽しむこともできるのです。

次に「自然」です。これは東京や大阪という大都市だけを観光するというのであれば、まったくの落第点ですが、地方にはまだまだ手つかずの自然が残されています。また、日本は国土の多くが森林や山で占められています。屋久島の森林や富士山に代表されるように、「山岳」「山林」という自然も立派な観光資源になります。

また、日本は動物と植物に非常に恵まれています。あまり知られていませんが、国連の数字によると、日本は1平方キロメートルあたりの動物、植物の数で言えば、実は世界一を誇っているのです。

もちろん絶対数で言えば、メキシコやブラジルなどのほうが多いのですが、この限られた面積のなかで、熊もイノシシもサルもいて、たくさんの種類の魚が生息しており、さらに山草から屋久島の縄文杉、美しいサンゴなどもあるという国はなかなかありません。

そして「食事」です。これは「和食」が世界文化遺産になったことからもわかるように、当然、観光資源になります。その一方で、日本国内の「洋食」というのもかなりハイレベルで多様性に富んでいますので、さまざまな外国人観光客に対応できるという点で有利と言えるでしょう。

最後に「文化」に関しては、これはみなさんも自信をもっているように、日本には独自の文化があります。さらに、何よりも強いのは、実に幅が広いということです。

お能、歌舞伎、和歌、俳句、三味線、お琴などという伝統的な文化もあれば、アニメ、マンガ、音楽、ダンス、ファッションというさまざまな現代文化もあるのが魅力的です。

文化財に関しても、お城、お寺、神社もさまざまな時代のものが残っていますし、伝統建築はやはり独特なので、外国人の目には非常に新鮮に映ります。日本庭園も素晴らしいです。特にガーデニング文化のあるイギリス人は日本庭園を見ると、大きな衝撃を受けます。イギリスの庭園で、もっとも重要なのは芝生です。芝生の敵は苔ですので、日本庭園のメインが苔で、何よりも大事にされているというのは、信じられないことなのです。

さらに、香道、華道、茶道、柔道、剣道などの「道」のものをはじめ、神道や仏教という日本の宗教も人気があります。

このように文化に幅があるという話をすると、必ず「日本の特徴の1つは、さまざまな文化をうまく取り入れて、自国の文化としてアレンジすることだ」というようなことをおっしゃる方がいますが、それは違います。

異文化をうまく取り入れるのは、何も日本だけの特徴ではありません。例を出せばきりがありませんが、たとえばヨーロッパにおけるキリスト教はその典型でしょう。

本来、キリスト教は中東からきた宗教です。海外からきたものを自分たちの宗教に取り込んだのです。その痕跡が「クリスマス」です。もともとは年末年始の行事ではなく、真夏に行なう誕生祭という行事でした。キリスト教以前の宗教で真冬に行なっていた最大のお祭りをなかなかやめてもらえないという状況に加えて、キリスト教の真夏の誕生祭もなかなか浸透しなかったということもあって、苦肉の策として、キリスト教の誕生祭を真冬のお祭りにアレンジして、今のような「クリスマス」になったのです。

ちなみに、クリスマスツリーというのは、もともとドイツの古い宗教の習わしで、イギリスには19世紀に入ってきた文化です。また、復活祭（イースター）の休日に、卵を飾り付けるイースター・エッグも、キリスト教由来のものではなく、5000年ほど前のエジプトの習慣だったと言われています。

つまり外国でも、さまざまな文化を取り入れて、自分たちのものにするということは、ごくごく当たり前に行なわれているのです。

では、日本の「特徴」は何でしょう。学問的に言えば、古い文化を残しながら、次にやってきた新しい文化を取り入れること、と言われています。

たとえば、公家文化を残して、武家文化も認める。天皇制を残しつつ、征夷大将軍という制度を加える。装束《しょうぞく》を残しつつ、武家の着物も足していく。以前の文化を駆逐したり、それまで行なわれてきたことを止めたりしないというのが、最大の特徴と言われています。

これは非常に素晴らしいことだと私は思います。古いものがしっかりと残っている。さらにそこに新しいものも取り入れる。この「幅」のある文化的特徴というのは、外国人から見ると非常に斬新ですので、ここをしっかりと訴えていくべきだと私は考えています。

このように考えていくと、日本はフランスやスペインのように「観光立国」のための4つの条件をすべて満たしている国だという事実が浮かび上がってくるのです。

そのようなことを耳にすると、「やはり日本はすごいんだ」と得意になってしまうかもしれませんが、ここで調子に乗ってはいけません。問題は、条件としてはすでに立派な「観光立国」となっていなくてはいけない日本に、なぜ外国人観光客がたった１３００万人しか訪れていないのかということです。

これだけの観光資源があるという恵まれた立場にあるのですから、少なくともタイなどと肩を並べて、ランキングに食い込むくらいになっていなければいけないのに、第20位以下というポジションに甘んじているということは、この国が「観光立国」になることを阻んでいる、非常に深刻な問題を抱えているということにほかならないのです。

では、いったい何が日本の「観光立国」化の足を引っ張っているのでしょうか。次の章から１つずつ、その問題を分析していきたいと思います。

第3章
「観光資源」として何を発信するか

なぜ日本は、観光業に力を入れてこなかったのか

具体的な観光戦略を論じる前に、この章では、観光についての議論のなかでよく言われる観光動機のうち、私が十分な動機にならないと考えている論点を整理したいと思います。

日本という国は、「観光立国」として非常に重要な4つの要素をすべて兼ね備えた世界でも希有な国であるにもかかわらず、本来有しているであろうポテンシャルをいまだ発揮していない。そんな宝の持ち腐れとも言うべき問題は、アジアのなかでも香港、マカオ、タイ、そして隣の韓国よりも外国人観光客が訪れていないという「結果」が雄弁に物語っています。

これを改善していくためには、なぜポテンシャルが引き出されていないのかという「原因」をつきとめなくてはいけません。

まず、一般的に能力が活用されていない場合、そもそも能力があることに気づいていないことが多々あります。つまり、日本人の多くが、日本のもつポテンシャルを正しく把握していないという可能性です。現実を見つめなければ、能力を伸ばすことはできません。当然、それを活用したりアピールをしたりということもできるわけがないのです。

そこで浮かび上がるのが、なぜ「気候」「自然」「文化」「食事」という強みを活用していない

のかという疑問です。「観光立国」の重要性は何年も前から唱えられています。近年はあれだけ「おもてなし」などと言われているのですから、すでに観光立国として成功している国から学べば、この4つの強みを備えていることは明らかであり、それを強化していこうという動きがあらわれていいはずですが、現実にはそうなっていません。その理由はいくつか考えられます。

まず挙げられるのが、単純に「力を入れてこなかった」ということです。

日本はこれまで、最先端技術、工業などの分野に注力し、すさまじい勢いで開発をすすめてきました。明治時代から軍事力、製造業、技術の分野で先進国と競争をしてきました。もちろん、輸出業に力を注いでいた部分も多々あります。ただ、日本に訪れてもらって、サービスを提供することで「輸出サービス業」としてカウントされる外国人観光客を多く受け入れようという戦略は確認できません。

もちろん、これは日本だけの特徴ではなく、他の先進諸国も同様です。さまざまなデータを見てみると、20～30年前までは、多くの先進国はやはり工業などに力を注いでおり、観光を強化しようと宣言し、それを実行に移している国は、非常に少なかったことがわかります。しかしその後、先進各国は、サービス業の急発展の一環として観光業に力を注いできました。

もう1つ、日本が観光を強化してこなかった理由として、どこかで観光産業というものを〝下〟に見ていた部分もあると思います。かつてのタイや南国のリゾートアイランドの多くは、観光に依存する途上国というイメージがつきまといます。

「観光鎖国」ニッポン?

日本の観光の目玉の1つである文化財に振り向けられる予算が、世界の観光大国に比べて驚くほど少ないことや、観光庁がつい最近(2008年)になってようやく設立されたこと、さらに京都などの伝統的な街並みが崩壊しているのに何の対策もしていないことや、観光資源がまったく整備されていないというさまざまな事実が、日本が「観光」というものを非常に軽視していることを雄弁に物語っています。

この背景には、「外国人」が日本に入ってくることを制限してきたという歴史の積み重ねがあると思われます。これには反論があるという人も多いかもしれません。ただ、日本はどこの国にも広く門戸を開けていると言いながらも、たった数十年前は輸入制限も多く、入国ビザ取得が厳しいなど、高いハードルがあったのは事実です。今でこそ多くの外国人が訪れていますが、私が日本に移住してきた1990年頃は、賃貸住宅も「外国人お断り」でなかなか契約できず、銀行口座の開設1つとってもかなり大変だったのを覚えています。冗談ではなく本気で、「日本はまだ鎖国状態なのでは」と不安を覚えたほどです。

日本の観光立国を妨げる「勘違い」

このような事実をふまえると、日本が観光に力を入れていないのは明白です。力を入れてこなかった産業が成長し、強くなるわけがありません。それを「弱い」と指摘したり、「なぜ弱いのか」と揚げ足とりのような追及をしても意味がありません。強くなりたいのなら、力を入れるしかないのです。

景観が汚い、文化財が活用されていないなどといった指摘はこれから本書でも行ないますが、やはりこれも「これからやる」ということが重要であり、それをふまえた指摘だということをご理解ください。弱いという指摘を受けたら、まずは発想を転換して、力を入れるだけの価値があるということを理解したうえで、国を挙げて観光に対してやる気をもってもらうことが大切なのです。

ただ、今まで観光業にそれほど力を入れてこなかったので、観光業への理解と知識が当然薄く、世界の観光業の常識から見ると、むしろ観光の発達を妨げるような考え方をよく聞きます。特にネットなどで発信されている情報を見るとこの傾向が強く、外国人へのアピールになっていないことが多いのです。評価される内容を発信できていないことの根底には、日本人の「勘違い」があります。日本人の多くは、「観光立国」を目指すうえで必要な「気候」「自然」「文化」「食事」という4つの要素ではない他の何かを、外国人観光客に訴えることのできるセールスポイントだと思い違いをしているのではないでしょうか。

そのことを象徴する一文が、日本の観光産業を代表する星野リゾートのホームページのなかにあります。

観光大国の3条件である「国の知名度」「交通アクセス」「治安のよさ」という条件を十分に備えている日本の観光産業は、今後ますますその規模を拡大していくでしょう。

まったくそのとおりだと大きく頷く方も多いと思いますが、これは非常に危うい分析だと私は思っています。この3つの条件というのは「ないよりもあったほうがいいという程度の強み」であり、観光立国を目指すうえで絶対不可欠な条件ではないからです。

誤解のないように言っておきますが、私はここで言う「観光大国の3条件」というものを、すべて頭ごなしに否定しようというわけではありません。

たしかに、世界的な知名度がなければ、日本へ遊びに行こうかという検討も始まりません。交通アクセスもしかりです。飛行機を乗り継いでやっと行けるような国よりも、直行便があったほうが外国人観光客にとってありがたいのは言うまでもありません。家族や恋人と訪れるわけですから、強盗やスリが多発したり、テロなどが起きたりする危険な国よりも、治安のいい国がよいに決まっています。

ただ、この3つの条件を満たしていればそれだけで「観光立国」を実現できるというものでもありません。とんでもない観光資源があれば、不便であっても人はやってきます。たとえば、ペルーにあるマチュ・ピチュは、非常に不便だけれども、年間40万人以上の観光客が訪れています。ただ便利だからといっても、そこに見るもの、楽しむものがなければ、人はやってこないのです。

実際に、日本よりも多くの外国人観光客が訪れて、観光先進国として上位ランキングに食い込んでいるタイを見てみましょう。日本と比較すると知名度が低いタイですが、スワンナプーム国際空港という広大な滑走路をもつハブ空港が整備されています。国際線利用者数は成田空港を大きく上回るなど、交通アクセスに関しては、たしかにタイに軍配が上がります。ですが、依然として外国人観光客をターゲットにしたひったくりやぼったくりが多発し、クーデターが起きるなど政情不安があるタイは、お世辞にも「治安がよい」とは言い難いところもあります。

しかし、先ほどのデータで見るように、タイが日本よりもはるかに多くの外国人観光客を受け入れて、観光収益を手にして、フランスやアメリカなど「観光先進国」の仲間入りを果たしているのは、動かし難い事実です。つまり、残念ながら「観光大国の3条件」として挙げている「国の知名度」「交通アクセス」「治安のよさ」だけでは、多くの外国人観光客が訪れるという「結果」に影響を与えることはできないのです。要するに、見たいものや体験したいものがあれば、多少治安が悪くても、交通アクセスが悪くても、外国人観光客はやってくるものなのです。

これは極論ですが、交通アクセスが素晴らしくても、行きたいと思うような観光資源がない国には、交通マニアしか訪れないということです。

観光への甘い意識

ある意味では、日本人は観光業に対して、考え方が軽いと感じるときが多々あります。「ひこにゃん」や「くまモン」というゆるキャラをつくるのが町おこしだと考えたり、世界遺産の認定さえ受ければ黙っていても世界中から観光客がやってくると思ったり……。あまりに楽観的というか、観光立国になるためにはどうすればいいのかということを、深く真剣に考えているように見えないのです。

「ゆるキャラ」という現象は、外国人から見ると非常にユニークです。私も「ふなっしー」は好きですが、それは中の人の芸が面白いからであって、千葉県船橋市のゆるキャラとしてはまったくどうでもいいと考えています。というのは、世界でも「ゆるキャラ」のようなものはありますが、それらはみな子どものためのものであって、外国人からすると、日本人のように大人までもが注目しているというのは、とても理解できません。

また、世界遺産の登録を目指す「動機」にも違和感を覚えます。十分に人がくるように魅力を磨いて、発信をして、成功したものなら世界遺産登録も納得できますが、整備や外国人向けの解説などもせずに、「ゆるキャラ」と同じような軽い考えで、世界遺産に登録されたら観光客が自動的にたくさんやってくるだろうという安易な発想は、外国人として受け入れ難いものです。登録さえされれば、外国人観光客を招く努力をしなくてもいい、地道な作業をしなくてもいいというような印象を受けてしまうからです。本物の観光戦略の代わりになる観光戦略だと考えている印象すら覚えます。

事実、世界遺産の登録を受けたところは、一時的に日本人観光客は増えましたが、すぐに人気がなくなっています。世界遺産登録というものも、観光戦略としてはそれだけでは十分ではないのです。

自画自賛のアピールはマイナス

しかも、厳しい言い方をすれば、この「観光大国の3条件」というのは、すでに日本がある程度の水準をクリアしている条件です。にもかかわらず、そんなに観光客は訪れていないということは、この条件を満たすだけでは十分ではないということです。

たとえば、一般財団法人森記念財団 都市戦略研究所が出している「世界の都市総合力ランキング2014」のなかに、東京の強み・弱みを分析したものがあります。指標グループ別に偏差値のような評価をしたものですが、そこでは経済分野の「市場の規模」、居住分野の「生活利便性」、交通・アクセス分野の「都市内交通アクセス」などが東京の強みとして挙げられています。これは、そのまま「国の知名度」「治安のよさ」「交通アクセス」と言い換えることも可能です。

つまり、日本の観光産業の一角を担う人たちが「観光大国の3条件」として挙げているものは、最初からすでに日本の「強み」としてある程度のレベルに達している条件だと言い換えることもできるのです。このような条件設定は、私からすると大いに疑問です。言い方はよくありませんが、観光大国になるための条件を3つ選んだというよりも、自分たちが最初からもっている強みを強引に「観光大国の3条件」にしたという印象を受けてしまうのです。

実際に先ほどのホームページにあった文言からは、「日本はすでに観光大国になる条件を満たしている。やることはやっているから、あとは外国人観光客がくるだけだ」という驕《おご》りのようなものを感じます。このような姿勢で、観光後進国である日本が大きく成長できるでしょうか。

ちなみに、この分析のなかには「弱み」として、交流分野の「集客資源」、環境分野の「自然環境」、交通・アクセス分野の「国際交通ネットワーク」「交通利便性」が挙げられています。

日本のアピールポイントは的外れ

また、2014年7月、一般財団法人経済広報センターが「東京オリンピック・パラリンピックを契機とした観光立国に関する意識調査報告書」を公表しました。これはインターネット調査で全国の3121人を対象にしたものですが、このなかで東京オリンピック・パラリンピックを機に、日本のどのようなところを世界にアピールしたいかを聞いたところ、「日本人のマナーや気配りの素晴らしさ」が72%ともっとも高く、ついで、「日本の食文化、おいしい食べ物」(68%)、「治安のよさ」(55%)、「洗練された日本のサービス」(50%)との回答が寄せられました。

まず驚いたのは、「文化や歴史」や「自然」という項目が上位に食い込んでいないことです。「食事」が入っているのが唯一の救いですが、「気配り」「マナー」「サービス」「治安」という、先ほどから説明している「観光立国」の4つの要素とはまったく異なることをアピールしようと考えていることが浮かび上がっているのです。

これがかなり的の外れた観光アピールであることは、ちょっと考えてみればわかっていただけるはずです。たとえば、みなさんがフランスやイギリスに行ってみようと思うのは、フランス人やイギリス人のマナーやサービスがいいという点が決定的な要素でしょうか。ルーブル美術館やエッフェル塔、バッキンガム宮殿などに行ってみたいからと答える方が圧倒的に多いはずです。マナーに特別な興味がなければ、わざわざ十数時間の飛行機に乗ったりはしません。わざわざ観光先の国の治安のよさを味わおうという人もかなり稀でしょう。

自分たちが外国に旅行するときは観光の第一目的にしていない「気配り」「マナー」「サービス」を、日本にやってくる外国人に強くアピールする理由は、これらがすべて「日本人が世界に誇れるもの」だということで説明できます。

残念ながら、観光の支障にならない一定水準の「マナー」があれば十分で、観光立国になるにはやはり、他の要因のほうがより決定的だと思います。

治安のよさは、アピールポイントにならない

このような「観光立国」の条件をめぐって日本人と議論をしていると、必ず挙げられるのが、「日本は世界一治安のいい国」というものです。もちろん、これは大袈裟な話でもなんでもなく、たしかにそのような評価をされているという事実もあります。たとえば、イギリスの新聞「エコノミスト」が「治安のいい国&都市ランキング」の最新版（2015年度版）を発表しました。これはエコノミスト・インテリジェンス・ユニットが世界の50主要都市を4つのカテゴリ（デジタルセキュリティ度、医療保障度、インフラストラクチャーの安全度、個人の安全度）をもとに分析したもので、第1位に輝いたのが東京、第2位がシンガポール、第3位がこれまた日本の大阪という結果になりました。

この「世界一」という評価は紛れもない事実ですから、日本人がそれを誇らしく思うのは当然です。日本は、女性が1人で暗い夜道を歩いて帰宅できる数少ない国の1つであり、これはたしかに世界から評価されるだけの価値がある、素晴らしい美徳でしょう。

ただ、これが観光にどれほどの影響を与えるのかは不透明です。極端に治安が悪ければ行かないかもしれませんが、ただ治安がきわめていいというだけで何十万円も費やして旅をするで

図表**3-1**　**治安のいい国ランキングと観光客数**

順位	国名	観光客数（人）
1	アイスランド	800,000
2	台湾	8,016,280
3	デンマーク	8,557,000
4	オーストリア	24,813,000
5	ニュージーランド	2,629,000
6	ジョージア	5,392,000
7	カナダ	16,590,000
8	日本	10,364,000
9	ノルウエー	4,963,000
10	シンガポール	11,899,000

（出所）世界銀行、Institute for Economics and Peaceの2013年データをもとに作成

しょうか。治安のよさを見物するために、2週間滞在をするでしょうか。

「治安観光」は、海外において確立していません。調査によっては、世界一安全な国はアイスランドとされていますが、直近のデータによれば、年間の観光客はたったの80万人だそうです（図表3-1）。治安がどれほどいいかというのは、観光の動機として、それほど重要なものではないのです。

食事にたとえれば、治安は主食ではありません。大事なものではありますが、一定以上の味のレベルに達していれば、違いがわかりづらくて、それだけではメイン料理にはなりません。もちろん、味が悪いのは論外ですが。

交通機関の正確さも、アピールポイントにはならない

さらに、新幹線やその他の交通機関が秒単位で運行されていて、時間どおりに駅に到着する

ことを観光の動機として誇る日本人もいますが、これも治安と同様です。外国人観光客にとって、交通機関は単に「文化」や「自然」という観光資源の間をつなぐ移動手段にすぎません。

交通機関の運行が非常に正確であるというのも、よくよく考えれば、住民であるサラリーマンにとってのメリットです。時間どおりに出勤できて、会議や打ち合わせをすることができるというメリットです。

一方、旅行をしている人は、時間的な余裕があるはずなので、そこまで乗り換えの正確さを気にしません。その理屈が正しいのなら、鉄道が時間どおりに運行しない国では観光客が少ないはずですが、そのような相関関係が見られるデータは確認されていません。

時間どおりに電車がくれば「すごい！　正確だな」という驚きはあるでしょうし、交通機関が正確であるに越したことはありません。ただ、それはあくまで「旅の楽しみの1つ」であって、これが観光の主たる目的にはならないのです。

正確な交通機関の運行を体験しようという動機でわざわざ日本を訪れる外国人もいるかもしれませんが、それは恐らく鉄道マニアだけでしょう。少人数なので、観光立国には貢献しません。このような観光の条件は、食事にたとえるなら「器」です。どんなに美しくて、見ていて心が洗われるようなものであっても、器だけで満腹になってレストランを後にする人はいません。

もちろん、「器」を愛好している人もいますので、「食事よりも器」という人がいないとは言いきれませんが、それはあくまでマニアであって、大多数ではないのです。このような人たちは、食事がどんなに不味くても、器が素晴らしければやってきてくれるかもしれません。しかし、多くの人はやはり食事目当てにレストランに行くのです。どんなに美しい器でも、肝心の食事がしっかりとしていなければ、お客さんはやってきません。つまり、旅としての楽しみと充実感がなければ、電車がどんなに正確に運行していても、観光客はやってこないのです。

住民としての快適さは、必ずしも観光動機にはならないと考えてください。移住してほしくないと言うのなら、それを強調する必要はないかもしれません。

むしろ、交通機関ということで言えば、外国人にとって日本は殺人的な通勤ラッシュや慢性的な交通渋滞があるというイメージのほうが強く、改善すべきマイナス要素のほうが目立っている状況なのです。

たとえば、国土交通省によると、2011年度の東京圏の主要路線の平均混雑率は164％にものぼります。海外都市と鉄道混雑率の比較をしても、日本は相変わらず高い水準をキープしています。通勤ラッシュはどの国でもそれなりに見られますが、東京観光をする外国人観光客にとって、これは大きなマイナスです。

では、車を使えばいいと思うかもしれませんが、先ほども申し上げた渋滞があります。最近増えてはきましたが、英語対応ができるタクシーはいまだに少ないですし、公共の路線バスも、外国人にとっては非常にハードルが高いものになっています。

これは人口1300万人という大都市の宿命だと開き直る方もいるかもしれませんが、東京にはまだまだ改善の余地が残されています。たとえば、国土交通省の「諸外国の環状道路の整備状況」という資料を見ると、東京の環状道路整備率は約47％になっています。一方、ロンドン、北京、ソウルは100％、ベルリン97％、パリ85％となっており、東京がきわだって整備のすすんでいない都市であることは明白です。

道路整備がすすんでいる国の多くが「観光立国」として、日本より多くの外国人観光客を迎え入れていることからも、電車の時間の正確さを誇っている場合ではないのです。

「珍しいだけのもの」は、たいした収入にはならない

住民にとってのメリットが、外国人観光客にもアピールできる強みになると勘違いをしているほかに、実は日本人はもう1つ大きな勘違いをしています。

それは、外国人が異文化として単に珍しがっているだけのものを、「観光資源」になりうると過大評価している点です。その象徴が、自動販売機やマンホールです。

最近もJRが、訪日外国人向けの次世代自動販売機を秋葉原駅改札内のイベントスペースに

設置しました。江戸の町風のデザインのもので、記念撮影をしてSNSなどでシェアをしてくれた外国人観光客には、扇子などのノベルティグッズを贈呈するとのことです。

また、ネットでは日本を訪れたフランス人観光客が、さまざまな絵が描かれた日本国内のマンホールの写真を紹介し、「まるで地面にちらばる美術館の作品のように洗練されたデザイン」と高く評価をしたとして話題になりました。一部では、マンホールもクールジャパンの仲間入りなどと騒がれています。

小さなことからでも積極的に外国人観光客を取り入れようという前向きな姿勢は評価しますが、私たち外国人からすると残念ながら、これも大いなる「勘違い」と言わざるをえません。

たしかに、日本に初めてやってくる外国人観光客は、自動販売機の多さに驚くことでしょう。私自身も初めて日本にやってきたときは、なんとも自動販売機が多い国だなという印象を抱きました。年間約30万台も自動販売機を製造・設置している国というのは、たしかにそうはありません。これは、住人にとってはいいことです。

マンホールに関してもそうです。1985年に建設省が各市町村のアピールと下水道事業のイメージアップを目的に始めたこのデザインマンホールは、たしかに外国人の目にはユニークに映ります。私はあまり気にしたことはありませんが、感動してカメラを向ける外国人がいるのも理解できます。

ただ、これは低次元な観光です。趣味が悪いということを言っているのではありません。お金をとれないと言っているのです。たとえば、世界の一流観光地をめぐっている富裕層が、マンホールを見るために日本にやってくるでしょうか。若い人たちは面白がるかもしれませんが、都市文化のカルチャーギャップを楽しんでいるだけなので、見学自体は無料です。これでは後ほどご説明する、観光業に期待される40兆円の追加経済効果に、たいして貢献しないのではないでしょうか。

マンホール観光も悪いとは言いませんが、ただ「面白い」というだけの話なのです。みなさんが海外へ遊びに行って、現地でちょっとした習慣の違いやユニークなものを見つけて、少しばかりカルチャーショックを受けるのと同じく、外国人観光客としても、旅の途中で見かけた小さな楽しみ程度の話なのです。

最初は珍しくて写真を撮ったり、実際にお金を入れてジュースを買ったりするでしょう。しかし、この自動販売機だけを見たくてわざわざ日本にやってくる外国人というのは、ほとんどいないはずです。外国人観光客増加という結果に結びつかないことなのですから、それを伸ばそうとしたり、外国人に向けてアピールしたりしても、たいした効果は望めません。つまり、珍しいなとカメラを向けるだけのことであって、観光立国にはほとんど意味のあるものではないということです。自動販売機だけで、40兆円の経済効果はありえないのです。これも食事でたとえるのなら「珍味」でしょうか。ユニークではありますが、多くの人が好んで食べるわけではありませんし、それだけでは食事になりません。しかもたくさん食べると体に悪い。そんなイメージでしょうか。

世界では自動販売機が壊されて、商品やお金が奪われるという国も少なくありませんので、自動販売機というのは日本人にとって、「世界一の治安のよさ」を象徴するものでもあります。それを世界へ向けて誇らしげにアピールしたいという気持ちはよくわかるところではありますが、外国人観光客増加という「結果」に結びつくものではないのです。

フルメニューの重要性

ただ、ここで誤解をしないでいただきたいのは、私はマンホールや自動販売機などはくだらないなどと申し上げているわけではないということです。観光に貢献していると思いますが、主たる動機になるとは思わないと言いたいだけです。

私は「観光立国」になるには、「も」という考え方が非常に重要だと思っています。それはわかりやすく言えば、フルメニューの重要性です。

先ほどから申し上げている観光立国になるための4つの要素、「気候」「自然」「文化」「食事」

というのは、まさしくこのフルメニューの重要性を説いています。気候がいいだけでは、外国人観光客はそんなにやってきません。自然がいいだけでも同じことです。「気候」も「自然」も条件を満たしていて、さらに「文化」も「食事」もあるという国に、外国人観光客は足を向けるのです。

この4つの要素1つひとつをとってみてもそうです。たとえば「文化」といっても、アニメだけを押し出しては失敗します。世界中のアニメファンが「オタク」や「カワイイ」という言葉にひかれてやってきたとしても、2030年までに年間3000万人の外国人観光客という目標は達成できません。アニメもやる、神社仏閣のような文化財も整備する、サムライや着物を求めてやってくる外国人を満足させるような伝統芸能も整備する。この流れのなかであれば、自動販売機もマンホールもあっていいと思うのです。

日本の観光立国へ向けた戦略のもっとも大きな問題は、この「も」という考え方がまだ希薄であり、どれか1つを「強み」として打ち出せば、外国人観光客はわっと押し掛けるという幻想を抱いていることなのです。仮に世界にその強みをアピールして受け入れられたとしても、せいぜい「1回行けば十分」という国にしかならないでしょう。

観光大国というのは、総じてリピーターが多いことで知られています。観光産業が成立している国というのは結局、外国人観光客に「あの国の魅力には底がない、1回行っただけではまだまだわからないので、また絶対きてみよう」と思わせるのに成功した国と言えます。このように思わせれば、クチコミが増えます。観光客の間で評価が高まり、新規顧客を獲得して、それがまたリピーターになるということで、あとは成長基調に乗ることができるのです。アメリカ政府の2013年の調査では、アメリカのインバウンド観光客のなかで、リピーターはなんと76・3%でした。

この底が見えない魅力というのは、とどのつまり「総合力」であり、マンホールや自動販売機で形成できるものではありません。まずベースに「気候」「自然」「文化」「食事」という大前提を整備したうえで、そこにいくつもの「も」を積み上げていく。もちろん、そのなかにマンホールがあってもいいし、自動販売機があってもいい。つまり、日本は、観光立国を目指すうえでまずやるべきことをやらず、基盤を築いた後でもいいようなことに力を入れていると言えます。観光戦略を組み立てる順番を、完全に誤っているのです。

WEBサイト「tsunagu Japan」の問題点

「tsunagu Japan」(https://www.tsunagujapan.com/ja/)という、日本の魅力を紹介するサイトがあります。

ご覧になっていただければわかりますが、「これは意外!? 外国人が驚く日本でしか見られないもの30選」などと銘打ち、日本でしか見られない珍しいものを紹介しています。たとえば、ウォシュレット付きトイレ、四角いスイカ、自動販売機、家の表札、キットカットの日本限定フレーバー、町のティッシュ配り、おしぼり、ランドセル、ゆるキャラなどなど……。他の観光資源も紹介しながらならいいのですが、これらを日本の主な魅力だとして紹介しているのは、大いに疑問です。たしかに外国人から見れば、どれも驚くようなユニークさはあります。ただ、それだけでわざわざ十数時間も飛行機に乗って、日本まで長旅するでしょうか。「する」と即答するのは、少数派でしょう。これも多くの外国人観光客を引きつける観光資源というより、「珍味」と言うか、一部のマニアを喜ばせるための観光ではないかと思います。

このように的の外れた観光戦略に加えて、先ほどから述べている「治安」や「交通の正確さ」などを誇るのも、やめたほうがいいでしょう。

たしかに、交通機関の正確さは立派なことですが、それは日本の住民目線のメリットです。むしろ外国人観光客のクチコミを見ると、いくら正確であっても、その対価としてきわめて高い運賃が徴収される日本の交通機関に大きな不満を抱えています。外国人観光客からすると、電車が5分遅れるくらいのルーズさがあってもかまわないから、もっと安くしてもらったほうがいいという意見のほうが、圧倒的に多いのです。

また、治安が悪いのはともかく、治安のよさというのは観光立国の決定的要素でないだけでなく、実は現実とかけ離れた部分も多いのです。滝川クリステルさんの五輪招致プレゼンテーションのスピーチにあったように、日本では道に財布を落としてもほぼ確実に戻ってくるとよく言いますが、警視庁の数字では、現金では届け出があった額の40％しか戻ってきていません。ただ、それよりも大切なのは、財布を落としてみて戻るかどうかで渡航先を決める奇特な観光客はほとんど存在しないということです。

論点をずらすマスコミ

先ほどのアンケートにもあったように、日本人のマナーは非常によいため、特にマスコミはこれも観光資源になると主張しています。しかし、わざわざ海外に行って、異国のマナーをチェックしようという物好きな人などほとんどいません。これも食事でたとえるなら、「漬け物」です。ひと口ふた口ならばみなおいしいと喜びます。たしかに主食はすすみます。ですが、あくまで漬け物は漬け物。主菜でも副菜でもないのです。

それは主観であって、多くの外国人たちは日本のマナーを評価しているという反論もあろうかと思いますが、これは怪しいものです。たしかにテレビ番組を観ていると、日本にきた外国人が、日本人の親切さやマナーのよさを褒め讃えていますが、これも冷静に考えれば当然です。外国人というのは、日本人という「主」が暮らしているところへお邪魔をしている「客」の立場ですから、主のよいところを褒めるのは当然です。しかも、テレビという多くの人の目に触れる場ですから、外交的な発言になります。テレビに出ているような外国人たちの言葉をそのまま鵜呑みにしてはいけないのです。また、日本にきている外国人の絶対数が少ないので、統計上十分な意味があるかどうかは、疑問だと言わざるをえません。

繰り返しになりますが、私としてはマナーや先ほどのマンホール、自動販売機が褒められることが、悪いと言っているのではありません。それらが褒められること自体はよいことだと思うのですが、ほかにも日本には海外から褒められる要素があるにもかかわらず、なぜマンホールなどが注目されてしまっているのかという問題を提起しているのです。その程度しか褒めるものがないのかと、悲しくなります。

日本には素晴らしい伝統文化もあれば、豊かな自然もある。長い歴史のなかで保存されてきた遺物もたくさんあります。それらの素晴らしい観光資源のことがちっとも出てこないのが残念なだけなのです。

海外メディアから見た日本の魅力

ちなみに、海外のメディアは日本の魅力についてどう伝えて、どう評価しているのか。たくさんあるなかから、1つだけ象徴的なものをご紹介しましょう。「USA Today」の記事のなかで、日本の5つの魅力をこのように述べています。

歴史的名所（姫路城、熊本城、日光東照宮）
京都の寺社（清水寺、三十三間堂）
伝統体験（旅館、お茶、相撲）
食事
自然（スキー、沖縄、富士山）

いかがでしょうか。見事にこれまでお話しした「気候」「自然」「文化「食事」になっているのではないでしょうか。治安がよい、電車が正確、マナー意識が高いなどについては、一切触れられていません。

そもそも「日本に行くかどうか」「日本の何を評価するのか」というのは、日本人ではなく外の人間、つまり外国人に決定権があります。日本の治安、マナーがよいというのは昔から言われていました。しかし、その評価がクチコミによって十分に広がる時間があったにもかかわらず、外国人観光客がそれほど訪れていないという結果を考えれば、これらは外国人が日本を訪れるうえで決定的な動機にはなっていないということを認めざるをえません。

このような現実を直視した分析をせず、スローガンのみを掲げて「観光立国」を目指している。この大いなる矛盾を分析していくうちに、私はそもそも日本人の「観光」に対するものの見方自体が、非常に偏っているという事実に気づきました。その象徴が「おもてなし」という考え方です。

日本が世界に誇る「おもてなし」に難癖をつけられているようで、不快に感じる方もいるかもしれませんが、私にはそのような意図はありません。国内だけではなく、海外の観光客をも招致していくのであれば、これまでの「おもてなし」を、ある程度調整する必要があると申し上げたいのです。

そこで次章では、「おもてなし」というものに対する日本と世界のギャップを見ていきましょう。

第4章
「おもてなしで観光立国」に相手のニーズとビジネスの視点を

今の「おもてなし」への違和感

第3章では、観光の動機にならない日本の特徴をいくつか見てきましたが、それらの特徴を否定しているわけではなく、あくまで観光の主たる動機にはならないと言っているだけだということを、あらためて強調させていただきます。

では、これらが動機にならないとしたら、何が動機になるのでしょうか。それについては、この後の第5章で考えていきたいと思っていますが、その前に本章では、日本が「観光立国」を目指すうえでレベルアップしたほうがより評価される要素のお話をさせていただきます。

ただ、それも先ほどと同じで、これから指摘することが間違っているとか、あらためるべきだと否定をしたいわけではありません。より多くの外国人に日本へ訪れてもらうためには「調整」を行なう必要があるということを申し上げたいのです。

また、1回だけ日本にやってきた外国人が感動する表面的な文化の違い、たとえば「おじき」などの評価は大事であっても、観光立国になりたければリピーターが重要になってきます。リピーターは文化に関しても、表面的なものだけでなく、より深い部分に触れることになります。

つまり、こういう人たちを増やすためには、やはりその妨げになる改善すべき点を考え直す必要があるのではないでしょうか、という点を指摘させていただきます。

今や日本の観光立国を語る際に必ず出てくるのが、「おもてなし」という言葉です。観光庁は、「2020年オリンピック・パラリンピックに向けた地方の『おもてなし』向上事業」として、地方の先行的な取り組みを支援しています。「おもてなしで観光立国」という感じで、地方から政府まで、もはや「おもてなし」はスローガンのように用いられているという印象すら受けます。

ここまで「おもてなし」という言葉が引っぱりだこになったのは、やはり東京五輪誘致を決定づけることになったIOC総会における、日本の招致委員として参加したフリーアナウンサー・滝川クリステルさんのプレゼンテーションでしょう。メディアでも繰り返し報道されたのでご記憶に残っていると思いますが、ここでは重要なポイントを抜粋してご紹介しましょう。

東京は皆様をユニークにお迎えします。
日本語ではそれを「おもてなし」という一語で表現できます。
それは見返りを求めないホスピタリティの精神、それは先祖代々受け継がれながら、日本の先端文化にも深く根付いています。
その「おもてなし」の心があるからこそ、日本人がこれほどまでにお互いを思いやり、客

人に心配りをするのです。（ＩＯＣ総会での最終プレゼンテーション）

日本人の多くは、あの「おもてなし」にまつわるスピーチが高く評価され、日本開催が決定したと思っていることでしょう。実際に日本のマスコミは、そのように報道しました。しかし、残念ながら世界的にはまったく逆で、あのプレゼンテーションの「おもてなし」についてはかなり厳しいことも言われており、むしろ否定的な意見が多いのです。

その最大の理由は、そう指示されていたからでしょうが、彼女が「お・も・て・な・し」とひと文字ずつ区切って強調したうえで、合掌をしたことです。あの姿に私は、非常に大きな違和感を覚えました。なかでもこれは誤解を招くのではないかと感じたのは、あの語りかけるような口調です。

実はあのように1つひとつ区切ったような話し方をすると、欧州では相手を見下している態度ととられてしまうのです。さらに驚いたのは、このような批判を受け、滝川さんが「日本国内では絶賛されました」という主旨のコメントを発したことでした。

お迎えするお客さまを大切にする「おもてなし」を説きながらも、一方でその「客」である外国人たちの評価を気にせず、身内からの自画自賛の声によって評価とする。これでは単に、身内での自慢話を聞かされているような印象しか受けません。つまり、彼女は全力を出しきったのですが、その中身に関しては、国内と国外では評価がまったく異なっているのです。

滝川さんは「おもてなし」を日本のユニークな文化であり、高いホスピタリティ精神だと述べていましたが、世界の大多数の人間にはその真意が伝わっていなかったでしょう。どこの国でも自国のおもてなしには自信をもっているので、「この女性は何を言っているのだろう」と呆気にとられている人もいるかもしれません。あるいは、何を根拠にしているのだろうかと、違和感を覚えた人もいたでしょう。

ただし、それよりも重要なのは、日本の「おもてなし」が、日本人同士のものとして成立している点です。そのため、当然ですが世界72億人全員に、全面的に受け入れられるものではありえないのです。実際、訪日した外国人からは、よりレベルアップしてほしいというポイントも指摘されています。ですから、観光立国を考えるのであれば、部分的に外国人のニーズに合わせて、「おもてなし」を調整する必要があると感じています。

「おもてなし」は観光の動機になるか

まず、第3章と同様に、「おもてなし」が十分な観光の動機になるのかを検証していく必要があります。たしかに、日本の「おもてなし」には特徴があります。まずは「無償」ということです。

アメリカのように、客に対してここまでやればこのくらいのチップを払ってもらえるのは当然だというような打算はありません。また、日本の「おもてなし」は、客などに求められてやるというものではなく、あくまで自主的に、自分の頭で考えて行なうというのも特徴の1つです。

ここには、文化や価値観、考え方の違いが表われています。チップという文化がない日本と、チップが当たり前のアメリカを比べてみましょう。

まず、チップも含めたアメリカのサービス価格と、日本のサービス価格がほぼ同じだというのがポイントです。「日本はチップの分だけ安くなっている」という主張には、根拠がありません。するとチップの有無は、価格の構成比の違いになります。アメリカでは、客がサービスのよし悪しを判断してチップを支払います。これは、サービスが悪ければそれについての対価を払わないという拒否権を、客がもっていることになります。一方の日本は、サービスの対価は価格に含まれていますので、客にはサービスのよし悪しを価格に反映させる権利がありません。文句を言ったり、二度と来店しない自由はありますが、価格を自主的に割り引く方法がないのです。これは、価値観の違う外国人からすると、いいサービスを前提とした性善説に基づいているように感じられるのです。

では、このような特徴が観光客を呼ぶ誘因になるのかということを考えてみましょう。日本にやってくるのは大変な出費が必要です。時間もかかるので、会社も休まなくてはいけません。

みなさん自身に置き換えてみてください。「おもてなし」だけにそのような対価を払うかといえば、ちょっと考え込んでしまうのではないでしょうか。

たとえば、気候が悪くて、歴史や文化にそれほど特徴もない、食事もそんなにおいしくない、外国人から見ると魅力の少ない国だけれど、国民だけはみな無償のサービスを提供してくれる。そんな国へ旅行してみたいと思いますか。それだけではなかなか、動機にならないはずです。

もちろん、気候もいい、歴史や文化もある、観光資源もたくさんある、さらに無償のサービスを提供してくれるというような国であれば、「観光大国」になるかもしれません。しかし、この「おもてなし」という無償のサービスが必須条件かというと、そうではありません。それを証明するのが、フランスです。

フランスは約8473万人の外国人観光客が訪れる世界有数の観光大国ですが、「おもてなし」が素晴らしいかというと、決してそのような評価ではありません。フランス観光庁の観光戦略のなかで、課題の1つとして「ホスピタリティのなさ」が挙げられているように、むしろレベルが低いという印象で、なかでもパリの人々の「おもてなし」が悪いという評判は、欧州でも非常に有名です。この事実が示すように、「おもてなし」というのは、観光大国の必須条件ではないようです。

また、諸外国の観光資料を分析すると、ほとんどの国がホスピタリティを自国の魅力として明記しています。これは冷静に考えれば当然で、外国人を呼ぼうというのだから、自国にホスピタリティがないなどと言うわけがなく、どの国もその国ならではの「おもてなし」が存在するとアピールをするのは常識なのです。

ただ、日本のように、「おもてなし」にそれほど力を入れる国というのはありません。ほとんどの国は上から数えて半分以下、7つ魅力を並べたらせいぜい4番目か5番目という位置づけなのです。

世界には72億人の人が生活していますので、みな価値観も微妙に違います。日本人がよいと思う「おもてなし」がすべての人に受け入れられ、評価されるはずはありません。特に「おもてなし」の特徴の1つである、「言われる前に自分たちで考える」というスタイルのサービスは、同じ日本人同士だからこそ成り立ってきた部分もあり、日本人が違う人種や文化の異なる人たちのニーズをすべて読み取るのは不可能だと思うのです。

データに見る「おもてなし」の重要性

ただ、何よりも重要なのはやはりデータです。日本には1300万人の観光客しかきていません。ネットがこれだけ普及している現代において、72億人の人間にとって日本の「おもてなし」が十分な観光動機として評価されているのであれば、すでにクチコミによって海外で揺るぎない評価ができているはずです。そうなれば、1300万人以上の外国人が訪れているのではないでしょうか。

実際に、日本から発信されている「おもてなし」のアピールというのは、ネット上でたくさん確認することができますが、海外のネットユーザー、さらに海外のメディアで「おもてなし」を取り上げて、なおかつそれを日本観光のポイントとしている情報は、ほとんど確認できませんでした。

なぜかというと、日本のみなさんが思っているほど、「おもてなし」は世界から注目されていないからです。

日本人の「おもてなし」の精神を否定するのかと不愉快になる方もいるかもしれませんが、そのような意図は一切ありません。私自身も十数年、茶道をたしなんできましたので、茶道における「おもてなし」とは何かということを自分なりに考えてきましたし、日本人の多くがもつ相手を慈しむ心や、優しさなどはよく理解しているつもりです。そのような日本社会のなかで、日本人同士で行なわれている「おもてなし」を否定するつもりは毛頭ありません。日本社会が長い歴史のなかで積み上げてきたものですし、日本人がよいものだと思っているのなら、外国人である私が異を唱えるものでもないでしょう。日本人同士がよいと思っていることを変える必要はありません。ただ、日本人同士がよいと思っていることを、外国人もよいと評価するとはかぎらないということを指摘させていただいているのです。

ここで言う「おもてなし」とは、外国人の目から見た「おもてなし」です。みなさんが「おもてなし」ということで提供しているホスピタリティを、実際に外国人がどう感じているかということであり、その点ではみなさんの評価と大きく開きがある部分もあるということを申し上げたいのです。

少しデータが古いですが、2011年度に公益財団法人日本生産性本部がアメリカ、中国、フランスを対象に「おもてなし」についてアンケート調査を行なった、「サービス産業の更なる発展に向けた、『おもてなし産業化』の推進に係る調査研究事業」という調査報告書があります。これによると、どの国でも「おもてなし」について過半数は聞いたことがあるということですが、内容を理解しているのは2割にも満たず、フランスではわずか8％にすぎませんでした。

さらに、注目すべきは、このアンケートの結果、「日本人が考えるほど、各国は日本のサービス品質の優位性を必ずしも認めているわけではない」という知見が得られたということです。

さまざまなデータを見るとたしかに、外国人が日本への旅行で感動しているのは、「日本人1人ひとりの礼儀正しさ」「困っていたら助けてもらえた」「道を案内してもらえた」などの個人的な親切である一方、ホテルや旅館、レストランなどで受けた「おもてなし」が素晴らしいなどという声はあまりないのが現実なのです。むしろ、日本のホテルや旅館、レストランなどは、一方的に日本のやり方やサービスを押し付ける、臨機応変が利かない、堅苦しいなどと、酷評されているケースのほうが多いのです。

つまり、外国人が評価をしているのは、あくまで「日本人の礼儀正しさや親切さ」であって、日本という国に「おもてなし」という高いホスピタリティの文化があるなどと思っている人は、かなりの少数派だということです。日本にやってくる外国人観光客も含めて世界の大多数の人々にとっては、ソニーなどの電気機器や、トヨタやホンダという自動車のイメージはあっても、「日本にやってくる外国人を誠心誠意もてなしている国」などというイメージは、今はまだ成立していないのです。

そのような意味では、まずやらなくてはいけないのは、「日本の〝おもてなし文化〟が外国人から高く評価されている」という国内の認識を一度疑ってみて、レベルアップする余地がないかどうかを考えることではないでしょうか。

「郷に従えと言うなら、郷に入らない」

日本に住んでいる外国人はみんな日本の「おもてなし文化」を高く評価している、と反論する人もいるかもしれませんが、それはその外国人の方の個人的評価であり、日本に住んでいるその人が日本文化に魅せられたためにすぎません。その人が外国人の考えを代表しているとは、統計的にも言い難いと思います。

また、自国民が素晴らしいと考えているものを世界に誇ることの何が問題なのだと考える方もいるでしょう。日本には「郷に入れば、郷に従え」ということわざがあるように、日本にやってくるのだから、外国人側がこのような日本人の考えを受け入れればいい、という考え方です。たしかに「おもてなし」を日本固有の文化だとすると、そのような考えも理解はできます。

この「郷に従え」ということわざは、実に面白いと思っています。最近、私はさまざまなマスコミから取材を受けると、日本の「おもてなし」は外国人のために、部分的に調整をするべきだという話をしていますが、それに対してかなり厳しい反論があるのも事実です。そのポイントはひと言で言えば、「ここは日本だから、無条件に郷に従え」なのです。

ちなみに、「郷に従え」というのは、世界各国に類語があります。言うまでもなく、このことわざの真意は、客人としての心得です。さらに調べてみると、どちらかと言えば、よそからきた人が、そこで住んでみたときに、住民とうまくやっていくための教えというのが一般的なようです。

つまり、「郷に従え」という発想は、客側やよそからやってくる人が、自らすすんで心得るべき教えであって、ホスト側から強制されるものではないのです。

海外から日本にやってくるのは、日本文化を体験するボランティアではありません。お金を落としにやってくる大切な「客」です。当たり前ですが、客には店を選ぶ自由がありますので、価値観や美学が異なる店には、わざわざ訪れないという自由があるのです。

「日本のおもてなし文化を素晴らしいと思え」と強要されることを嫌がる客は、日本へは行かないという選択をする権利があります。日本人が「郷に入れば、郷に従え」という考えをふりかざすようであれば、外国人たちは「郷に従えと言うのなら、郷に入らない」という道を選びます。つまり、こなければいいだけの話なのです。実際に「おもてなし」という世界に誇るホスピタリティ精神があると胸を張っているだけでは、外国人という「客」の足が日本に向くことはありません。

ずいぶん厳しい指摘だと思われるかもしれませんが、それは私の個人的な意見などではなく、データが雄弁に語っているのです。

図表4−1をご覧ください。これは訪日外国人観光客数をグラフにしたものです。2003年が521万1725人、2013年には1036万4390人と、10年間で2倍近くに膨れ上がっています。さらに、2014年には大きな話題になったように、初めて1300万人を突破しました。

この情報だけでは、五輪誘致のプレゼンテーションで見せたような日本の「おもてなし」が世

図表4-1　訪日外国人観光客数の推移

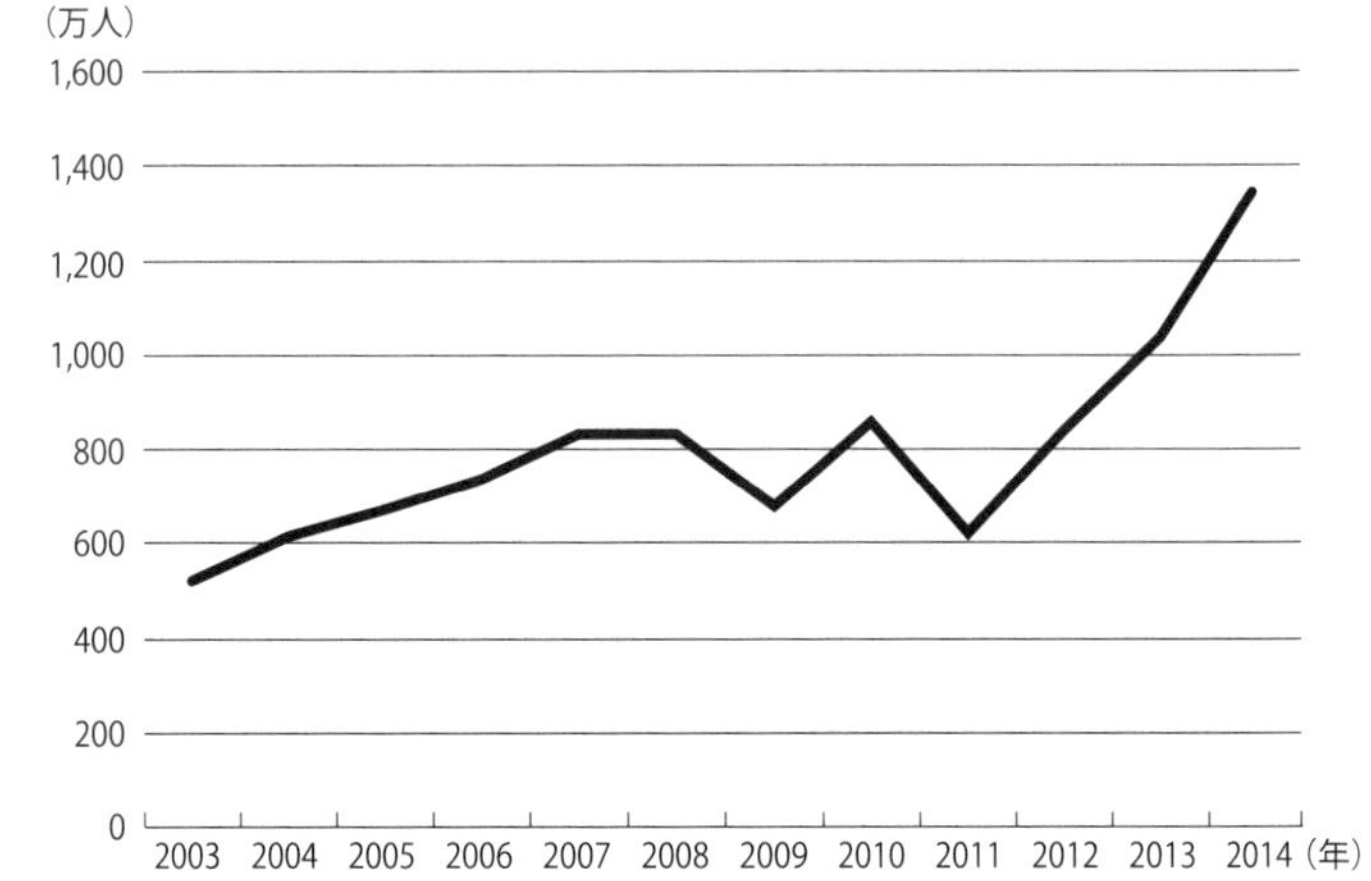

（出所）日本政府観光局（JNTO）

図表4-2　アジア各国へ旅行した外国人観光客数（2013年）

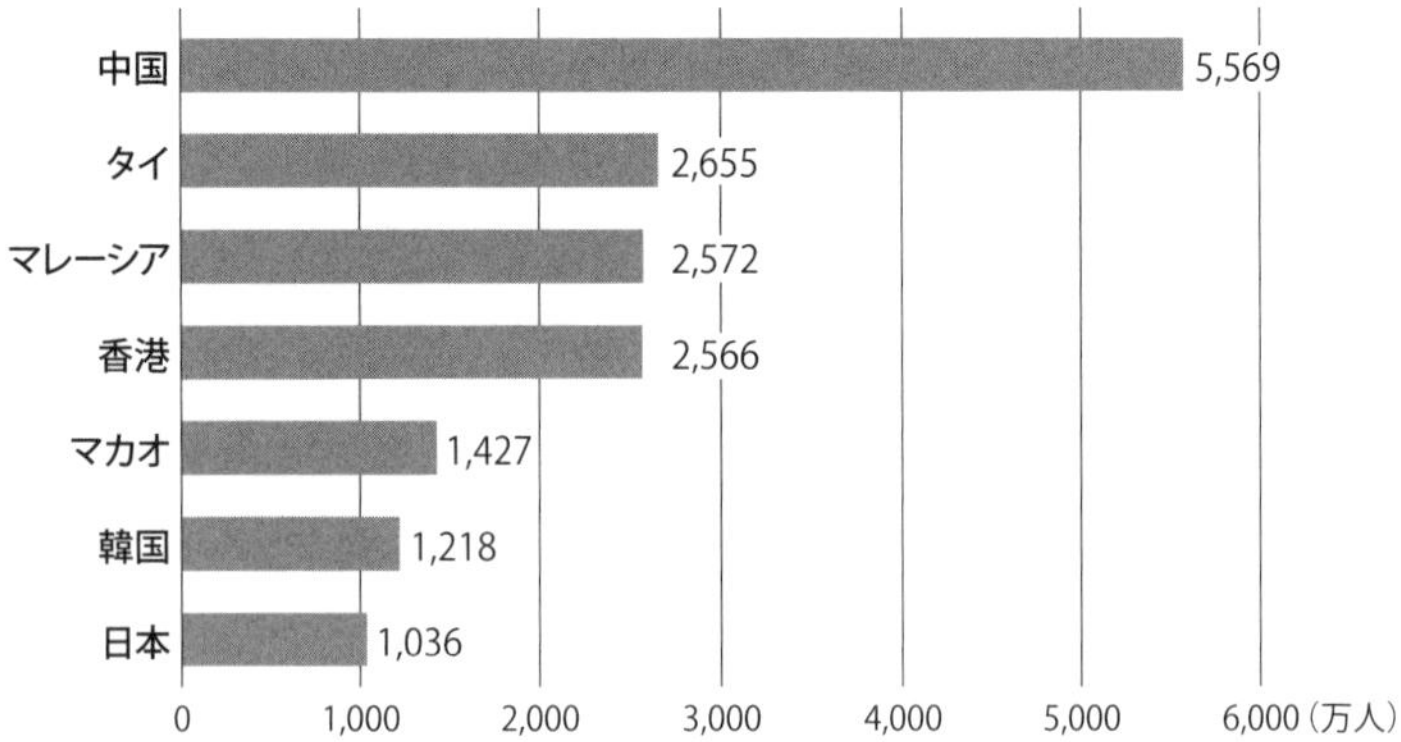

（出所）*UNWTO Tourism Highlights 2014 Edition* をもとに作成

界中で興味を引いているのだと思うでしょうが、早合点しないでください。では、この1300万人という数字をふまえてもう少し視野を広げてみましょう。図表4-2をご覧ください。これは2013年にアジア各国へ旅行した外国人観光客数をグラフにしたものです。ダントツに多いのは中国で5569万人、続いてタイ、マレーシア、香港と並びます。では、日本はどうかというと、韓国の次です。過去最高を誇る外国人観光客数といっても、台湾、インドネシア、ベトナムよりは多いですが、タイ、マレーシア、香港という上位クラスの国と比較すると半分以下の水準でしかありません。

タイ、マレーシア、香港の方たちが、世界の注目を集めるような舞台で、「我々には世界に誇るホスピタリティ精神がある」などと言い出したら、みなさんはどう思うでしょう。正直、痛々しいというか、滑稽に映ってしまうのではないでしょうか。

勘違いを世界に押し付けている

そしてもっとも大きな問題は、このような自画自賛とも言える「妄想」に自分たちだけで浸って楽しむのならまだしも、それを世界中に押し付けようとする姿勢です。

たとえば、2015年3月、こんなニュースがありました。

日本が世界に誇る「おもてなし」の心にあふれた商品・サービスを発掘し、国内外に発信するプロジェクト「OMOTENASHI Selection（おもてなしセレクション）２０１４」が始動した（出所：「産経ニュース」２０１５年3月2日）

このプロジェクトは、世界に誇る日本の「おもてなしの心」を伝えようということで、日本マイクロソフトをはじめ5社が実行委員会を組織しています。日本の伝統的調味料である「醤油」をフリーズドライした「ソイソルト」などの食材、食品、食料、衣料、生活道具などを、外国人審査員などが「日本らしさを伝え、現代の暮らしを豊かにし、世界に通じる」という視点で選ぶとのことです。受賞作品は国内だけではなく、ドバイ（アラブ首長国連邦）のジャパン・トレード・センターにその一部を出展し、現地バイヤーらとの商談機会が与えられるなどのサポートがあるというのです。

ここで誤解をしてほしくないのは、私は日本の優れた技術や製品を世界に発信することを否定しているわけではありません。外国人審査員に選ばせるというのも悪くはありません。ただ、何をもって、何と比べて、何がどう違うかがあいまいなまま、わざわざ「世界に誇るおもてなしの心」などということをコンセプトに入れるのは、日本人に向かってならともかく、外国人に対してはやめておいたほうがよいということを申し上げているのです。

プロジェクトのコンセプトというのは、やはり重要であり、このような〝上から目線〟の考え方はすべてにあらわれてしまいます。そして、まだ日本のことをよく知らない外国人の目には、その商品と「おもてなしの心」の関連性は、非常に奇怪に映ってしまう恐れがあるのです。

逆を考えてみましょう。たとえば、先の国際観光客到着数ランキング（図表2-2）を見てみると、ヨーロッパにおいて国際観光客到着数で日本（2013年は1036万人）と同レベルの国を探すと、ハンガリー（1068万人）、クロアチア（1096万人）という国が挙がります。両国とも実際に足を運んでみればいい国でしょうし、見どころもたくさんあるでしょう。ただ、ひとつはっきりと断言できるのは、世界的な評価においても、数字としての評価においても、両国は「観光立国」ではないということです。もちろん、ヨーロッパにおいてもハンガリーやクロアチアに「観光立国」というイメージはありません。

そんなハンガリーやクロアチアがいきなり世界に向かって「私たちの国には世界に誇るホスピタリティがある」などと言い出したら、みなさんはどう思われるでしょうか。不快に思うというほどではありませんが、実力がともなわない宣言だけに、白けてしまわないでしょうか。観光のイメージが何もない国の人たちが、「上から目線」で自分たちが世界でも特別な存在だと胸を張っているように見えてしまうからです。客に「おもてなし」をほめられたとき、謙虚に「とんでもないことです」などと否定する精神も、日本人の美徳なのではないでしょうか。

心外かもしれませんが、日本が「世界に誇るおもてなし文化」ということを世界に向かって声高に叫べば叫ぶほど、外国人は冷ややかになっていってしまうのです。もしも本当に日本が観光立国を目指そうというのなら、このような発信がプラスに働かないということは言うまでもありません。

私は何も、日本には世界に対して誇れるものがないなどと言っているわけではありません。ただ、「評価」というものは周囲が行なうものであって、自分たちが下すものではありません。自分たちのことを主観にそって褒め讃えることは「評価」ではなく、「自画自賛」にすぎないということを申し上げたいのです。

しかも、日本には「おもてなし文化」などという実態のないぼんやりとした民間信仰よりも、世界に誇れるような観光資源がたくさんあります。それらを正しく発信さえすれば、外国人観光客の増加に結びつくような「高い評価」につながるとすら考えています。

だからこそ先ほども申し上げたように、まずは「世界に誇るおもてなし文化」などという先入観を捨て去ることが大切なのです。世界各国にとって、観光業はきわめて重要な産業ですので、熾烈な競争が行なわれています。中途半端な戦略ではこの競争に勝つことはできません。日本も、もっと真剣に取り組むべきなのです。

「価値観」の違い

ここからは、ホテルや旅館などの法人の「おもてなし」における、調整すべき点を考えていきたいと思います。

簡単に言えば、すでに決まっている「おもてなし」に関しては非の打ち所のない素晴らしいものであっても、マニュアルにないリクエストがあると対応できないのが、日本の法人のサービスだと言われています。もっとストレートに言ってしまうと、一般的に「頭が固い」と思われているのです。

これには「客」というものに対する価値観の違いが大きく影響していると思っています。たとえば、日本にきた外国人観光客のFacebookを見ていると、多くの人が、日本のレストランやホテルで"How is/was everything?"と聞かれないことを指摘しています。

海外の多くの国において、レストランでの食事の途中や食事が終わった後、あるいはホテルからチェックアウトをする際、必ずと言っていいほど、"How is/was everything?"と聞かれます。サービスに対して不満はないか、確認をするわけですが、このような習慣は日本には少ないのではないかと指摘する外国人が多いのです。たしかに私自身も、日本でこのような対応をされたことはあまりないかもしれません。昔、旅館に泊まった際、「部屋の温度はいかがですか」などと確認された記憶もありますが、ほとんど聞いたことがないような気がします。

また、欧州に限って言えば、レストランのスタッフは、日本のように客から「すみません」と言われて初めて対応するのでは失格とされています。客の動きに常に注意を払っていて、仕草や流れを読んで、声をかけられるまでもなく先に対応することが、レストランのサービスにおける美学とされているのです。より高級店ですと、一緒に食事をしている相手も気付かないような、非常に些細な仕草をキャッチするのが、スタッフの心得です。「すみません」と声をかけるのはパブなどの飲み屋さんであって、レストランの礼儀としては黙って手を上げるのみ。レストランで客が「すみません」とスタッフに声をかける時点で、その客は店のサービスに対して怒りを覚えていると考えられているのです。

この接客文化の違いは、アメリカ人が日本文化を紹介するサイト「7 Things You Should Do In Japan But Not In America」（アメリカではNGだけど日本ではすべき7つのこと）のなかでも触れられており、無言で席にいればチップ目当てにやってくる自国のレストランスタッフと、声をかけなければやってきてくれない日本のスタッフの違いが指摘されています。

また、個人的に驚いたのは、日本のレストランのスタッフには、どの客が何を注文したのか覚えていない人が多いことです。たとえば、5人くらいで店に行くと、料理をテーブルに運んできたスタッフは「〇〇のお客さま」と注文を読み上げて、客に手を上げさせます。場合によってですが、どうも確認の意味でもないことが多いようです。これは驚きでした。海外の多くでは、テーブルを担当しているスタッフは誰がどの料理を注文したのかを頭に入れて、何も言わずに正しく注文した人の前に置くのが基本中の基本ですが、日本ではまったく違うということに驚く外国人は多いのです。

ここで強調しておきますが、私はこのような日本のレストランやホテルでの接客レベルが低いだとか、おかしいというようなことを言いたいのではありません。価値観は国によって違うのだから、日本の「おもてなし」は世界一、外国人向けに調整する必要がないという思い込みは、違うのではないかということが言いたいのです。

国によってサービス文化が異なるのは当然ですし、欧米のスタイルが必ずしも正解ということではないでしょう。チップなどの習慣がない日本社会で培われてきたスタイルであり、サービスを提供する側と客の信頼関係のようなものでもあるわけですから、日本に暮らす日本人同士がよければ、それでまったく問題ないでしょう。私のように25年も日本に暮らしている外国人移住者であれば当然、「郷に入れば、郷に従え」で、今まで指摘してきたような日本のルールは、もはや何の抵抗もなく受け入れています。

ただ、これが住民ではない外国人であればどうでしょうと言いたいのです。彼らは、私のような移住者として日本社会に溶け込もうということではなく、自分たちの時間とお金を費やして、日本に遊びにきている「客」なわけです。繰り返しになりますが、「客」には選択の自由があるので、自国のルールばかりを押し付けるような国にはわざわざやってきません。それが1300万人という数字が示す現実であり、「観光立国」を目指すというのなら、それを調整する必要があるのではないでしょうかという問題を提起しているのです。

「わかってくれる人だけわかればいい」という感じで、自国のルールを認めてくれる外国人観光客だけを受け入れても、観光立国はなしえません。名だたる観光大国のように、多くの「客」にきてもらい、多くのお金を落としていってもらうためには、やはり「客」が慣れ親しんだルールも考慮しなくてはいけないのではないでしょうか。

日本の「おもてなし」にまつわる議論を聞いていると、いつも私はこのように言っているように聞こえてしまいます。「自分たちのルールを変えるつもりはない。でも、ルールの異なる人々にも評価され、受け入れてもらいたい」。これは、かなり都合のよい、上から目線のロジックです。こんな状況で、果たして外国人観光客がどれだけやってくるというのでしょうか。

つまり、もっとストレートに言ってしまえば、今よりある程度、柔軟性を高めて、相手が評価するものを残しつつ、相手が評価してくれないサービスをレベルアップさせることによって、評価を高め、収入を増やすという「ビジネスの常識」を、もっと意識すべきではないでしょうか。

「おもてなし」とゴールデンウィークの関係

世界に誇るホスピタリティ精神であるとかなりの自信を抱いている一方で、「客」側の立場を慮らず、マニュアル化したサービスを重んじる。このような日本特有の「おもてなし」という発想がいったいどこからきているのかということを、私なりにずっと考えてきました。最近になって、その根底にあるものは「ゴールデンウィーク」に代表される、日本の観光産業の特徴にあるのではないかという結論にいたりました。

言うまでもありませんが、ゴールデンウィークというのは、国内の観光地にすさまじい数の観光客が一気にやってくる時期です。新幹線の乗車率は120%をゆうに超え、主要な高速道路では何十キロという気が遠くなるような渋滞が、ゴールデンウィーク前から報じられています。

ホテルや旅館のなかには、ゴールデンウィーク料金ということで、平時の2倍以上の宿泊費を設定するところもあります。観光名所はごった返し、付近の飲食店では大行列……こんな光景が日本全国で見られるのが、ゴールデンウィークではないでしょうか。ホテルや旅館などの観光産業からすれば1年でもっとも大切な「かきいれどき」で、この短期間に年間の売上の多くを稼ぎ出すというところもあると聞きます。

少し話がそれますが、NHKの大河ドラマや朝の連続テレビ小説でも、同じことが起きます。東北地方の海女さんが主役のドラマが人気になれば、ドラマのロケ地には、これまでは信じられないほど多くの観光客が押し寄せます。ホテルや旅館は予約でパンクして、レストランもフル回転します。そこで観光産業は大きく潤うことにはなりますが、次の年になれば、また新しいドラマが放映され、ジャパニーズ・ウイスキーブームなどがやってきますから、ブームになった観光地も徐々に観光客数は減少していくということが繰り返されているのです。

では、このような一過性のブームやゴールデンウィークという、1年に一度の繁忙期の恩恵を受ける観光業者たちが、各自でどのような取り組みや努力をしているのかといえば、私としては「やっていない」と言わざるをえません。もちろん、テレビや雑誌で観光PRはしているでしょうし、ゆるキャラも頑張っているのかもしれません。ただ、現地の観光資源をしっかりと整備したり、観光客が飽きずに何度でも訪れたくなるような仕組みをつくったり、リピーターになるような戦略を構築しているのかといえば、大いに疑問です。

なぜやらないのか。それはゴールデンウィークになれば、そこまで苦労をしなくても観光客がやってきてくれるからです。なぜゴールデンウィークに観光地がごった返すのかというと、日本の多くのサラリーマンたちは、この時期にしか長期休暇をとれないからです。ここでしか休めないということであれば、「家族サービス」という言葉もあるように、世のお父さん方は、どんなに混んでいても家族を連れて旅行に行くという決断をします。つまり、ゴールデンウィークというのは、何もしなくても多くの日本人を国内観光に強引に送り出すシステムと言ってもいいのです。

このような日本の観光産業のスタイルを、私は批判したいというわけではありません。ただ、このような市場のなかで、観光業者がどれほど観光客を呼び込むための独自の努力をしてきたのか、あるいは、みなさんが言うところの「おもてなし」を尽くしてきたのかと問いかけたいのです。

放っておいても短期間に客が集中して押し寄せるこのゴールデンウィークに、1人ひとりに対して心から「おもてなし」しようなどという悠長なことは言っていられません。受け入れる側からすれば、とにかく次から次へとやってくる観光客を、どうやって効率的にさばくかが重要になりますので、ホスピタリティよりも効率性が求められていくでしょう。これは、「おもてなし」とは真逆の発想なのではないでしょうか。

これに戦後の人口激増、高度成長でなかなか会社を休めないという条件が加わって、文化財も含めて観光地には、短期間に大量の人々を効率的にさばくというシステムが確立していったのではないでしょうか。

それを象徴するのが、この時期になるとホテルや旅館、レストランなどがこぞって行なう「ゴールデンウィーク限定プラン」「ゴールデンウィーク・セットメニュー」などです。このような「お得なセット」というのは、一見するとお客さま視点のように思えてしまいますが、実はきわめて供給者視点の考え方です。客のニーズをバラバラにして個々に対応するより、1つのセットメニューやパッケージをつくってそれを売っていくほうが、はるかに効率がよいのです。

このような供給者視点というのは「ゴールデンウィーク」という言葉にもあらわれています。実はこの言葉は、昭和20年代後半に、映画産業がプロモーションの一環として、短期間に力作ばかりを集中させることで映画館の動員客数を跳ね上げようとしてつけたキャッチフレーズが起源だと言われています。そもそもが、供給者側の都合を全面的に押し出した精神で、「客」の都合を優先してはいないのです。

ゴールデンウィークは廃止すべき

この「ゴールデンウィーク」という制度の恩恵を、日本の観光産業はあまりにも長く受けてきたことで、「大量の観光客をさばく」という供給者視点の効率のよさばかりを追求するようになってしまったという側面は否めません。それこそが、日本企業の「おもてなし」というものが、自分たちが追い求める理想と乖離してきてしまった、最大の要因ではないかと思うのです。

日本人観光客が一時期に集中し、ほかの時期にこないことは、観光業の設備投資を難しくさせます。ゴールデンウィークの需要を満たすほど設備投資をするとそのほかの時期に設備が遊んでしまいますので、結局、普段のニーズを多少上回る程度の投資しかできなくなります。特に、立派な施設をつくるのは難しくなるでしょう。その結果、「大量の観光客をさばく」ことが重視されているのは、すでに見てきた通りです。さらに、ゴールデンウィーク期間中だけの短期滞在型の観光が基本になっています。

私は、日本が観光立国を目指すなら、ゴールデンウィークを廃止したほうがいいと考えています。世界で5番目に祝日が多い日本は、国内観光客が一時期に集中する傾向が顕著です。これは、観光ビジネスにとっては大きな障害となります。ゴールデンウィークの廃止によって国内観光客が均されれば、もっと大胆な設備投資ができ、観光業が産業として成立しやすくなるはずなのです。

供給者の都合を押し付ける「おもてなし」

この分析にはさまざまな意見があるかもしれませんが、実際に供給者側の都合を「客」に押し付けるという日本の悪いクセは、いたるところで散見されます。

たとえば、外国人が日本にやってきて驚くのは「できません」「それは無理です」「ここではやっておりません」と、やたらと「否定」の回答が多いことです。たとえば、レストランで食事をする際、こういうふうに盛りつけてほしいとか、食材の一部を別のものに代えてほしいとか、閉店時間を5分過ぎているけれどそれでも注文したいなどということを主張する外国人は、珍しくありません。それは別にクレームをつけているとか、客だから何でも言うことを聞けという横柄な態度からではなく、店側のサービスとは、客のニーズに応えるものだと思っているからです。

海外の観光サービス業では「できません」と答えるよりも、どちらかと言えば、「それをやるには、追加でこれだけ別料金がかかります」という具合にチャージをかけていくことのほうが多い印象です。日本は欧州諸国に比べても、かなり平等主義が強い国だと感じます。だから、「特別扱い」のような特権を与えるサービスに、抵抗があるのではないでしょうか。

そのような考えのもとで、日本の寿司屋や和食店などに行ってみると、「これはこういうふうに食べるものです」「塩をつけてお召し上がりください、こっちは醤油をつけてください」など、店側のルールや作法というものを強く押し付けてくることが多々あるのです。百貨店で、エコのために包装はいらないと言っているのに、それでも包装しようとするのも同様です。

日本文化をわかっていないなと呆れられるかもしれませんが、もちろん私は25年も日本で暮らしていますから、そういうものだと思ってお店の言うとおりに食事をいただきます。「それはできません」と言われるのももう慣れていますので、違和感くらいしか覚えませんが、先ほどから申し上げているとおり、わざわざ数十万円の航空券を購入して、長い時間をかけて初めて日本を訪れる外国人観光客からすると、なんとも融通の利かない国だと感じてしまうのです。

そのような声は周囲の外国人からもよく聞きますし、実際に私も、外国人というだけで店側の都合を押し付けられたことは、数え上げたらきりがありません。

たとえば先日、ある大事な商用で、日本人と一緒に京都の老舗料亭を利用しました。政財界のＶＩＰなどがよく利用されるところで、日本でも最高水準の「おもてなし」をすることで知られている老舗中の老舗です。どのような「おもてなし」をしてくれるのかと楽しみにしてお座敷に入って、まずビックリしたのが、私の席にだけ椅子が置いてあったことです。

私は茶道をたしなみますので、正座にはかなり自信があります。お気遣いは無用ですと女将に丁重に断りましたが、なんと驚いたことに「いえ、そうは言っても外国人の方は、正座はできませんので、遠慮せずにどうぞお座りください」と強くすすめてくるのです。

私がいくら「大丈夫です」と言っても、女将は譲りません。このまま押し問答をしていても不毛なだけなので、座敷の隅に置いておくことにしました。そして結局、一緒にきた日本人の方が、足がしびれたということで、その椅子を利用するという事態になったのです。

このようなサービスの押し売りは、外国人ならば一度は経験したことがあるでしょう。この料亭でもっとも驚いたのは、私は外国人ですが箸を使えると事前に伝えていたにもかかわらず、お椀と一緒にスプーンが出てきたことです。外国人だから箸が使えないに決まっていると考えたのでしょう。

恐らくは、言わずともさりげなく椅子やスプーンを出すことこそが「おもてなし」だと思っているのでしょうが、日本人同士はともかくとして、外国人からは何が何やらという残念な印象しか受けません。先ほども申し上げたように、日本人の心を読むことはできても、何も聞くことなく72億人のニーズに先手を打つことなどできません。また、客が嫌がっているにもかかわらず、「郷に従え」と言わんばかりに、やり方を押し付けるのもいただけません。これが果たして、お客さまのことを大切に思う「おもてなしの心」と言えるのでしょうか。

逆の立場で考えてみてください。もしもフランスへ旅行に行って、一流のフランス料理のお店で料理が出てくるのを楽しみにしていたら、見た目が日本人というだけで、ナイフとフォークではなく、お箸が出たらどう思いますか。

客を「おもてなし」するのなら、まずは相手が何を考えて、どういうことを求めているのかを考えなくてはいけません。直接彼らの声に耳を傾けたうえで「おもてなし」をすればいいのに、「聞く」というプロセスを飛ばして、「相手はこうだろう」と思い込み、自分の都合のいいように解釈した「おもてなし」を押し付けているのではないでしょうか。

「お金を落としてもらう」という発想

ここで誤解をしていただきたくないのは、私には何も外国人観光客に媚びへつらい、彼らの言うことや求めにすべて応じることが「おもてなし」だと言っているのではないということです。繰り返しになりますが、私は日本の「おもてなし文化」を否定しているわけではありません。そのような客と店の関係というものが、この国の長い歴史のなかで生まれたものであることもわかっています。ですから、日本人同士であれば、何の問題もありません。ただ、これが「観光立国」のために外国人を「客」としてとらえなければいけなくなってくると、途端に違う話になります。これまでの日本人同士で成立していた「おもてなし」という発想では、限界があるということが言いたいのです。

日本が「観光立国」になるためには、まずはゴールデンウィークに象徴される「多くの人たちをさばく観光」から、「お金を落とす客にきてもらう観光」へ、発想を180度転換しなければいけません。そこで重要になってくるのは「お金」というポイントです。観光客はお金を落としてこその観光客であり、お金を落としてこそ「おもてなし」をする価値がある。それくらい割り切った考え方ができるかどうかではないでしょうか。

今、日本国内の「おもてなし」にまつわるさまざまな議論を聞いていると、すべての人に対してにこやかにほほ笑んで、分け隔てなく対応するという、何やら見返りを求めない「奉仕の心」のようなイメージが浸透していますが、私から言わせればこれは非常にナンセンスです。何度も申し上げているように、世界広しといえど、異国の人々の「性格のよさ」や「奉仕の心」などを確認するためだけに、高いお金と時間をかけて海外旅行をしようなどという人はいません。それはあくまで観光のついでに遭遇した「ちょっとした現地の人との触れ合い」程度の話なのです。

当の外国人観光客にしても、求めているのはそんな精神論ではなく、間違いなくサービスとしての「おもてなし」ではないでしょうか。

しっかりとお金を落としてくれる客には、何を求めているのか、何を望んでいるのかをよく理解したうえで誠心誠意の「おもてなし」をする。

今、日本の「おもてなし」にもっとも足りないのは、この「お金を落としてもらうだけの高品質なサービス」という発想だと私は思っています。では、ここで言う高品質とは何かということになると、やはり「客」である外国人の言葉に耳を傾けることが大切になってきます。

そこで、顧客の言葉に耳を傾ける「マーケティング」の重要性が浮かび上がります。日本の「おもてなし」にまつわる誤解は、すべてこのマーケティングが正しく機能していなかったからでもあるのです。

そこで次章では、「観光立国」を目指すうえでのマーケティングについて見ていきましょう。

第5章
観光立国のためのマーケティングとロジスティクス

「観光立国」に必要なこと

ここまでお読みになってきた方は、「観光立国」になるためには、「おもてなし」に代表されるような、日本人が思うほど観光の主たる動機にならないポイントを忘れて、「客」である外国人たちの声に真摯に耳を傾けることが重要であるとわかっていただけたと思います。

相手が何を考えているのか、何を求めているのかを聞き出し、そのニーズに合った施策を打ち、日本へと誘導をする。実はこれが、観光業のもっとも面白いところです。観光業がきわめて高度な産業かと問われると、そうではありません。すでにある観光資源の魅力を引き出し、観光客が求めることをやる。そのように当たり前のことを当たり前にやるだけで、効果がてき面に出ます。唯一難しいのは、総合力が必要だということだけです。つまり、産業としてはきわめてシンプルなものなのです。日本は他の産業を優先してきたこともあり、このシンプルなことに着手できていなかったというだけの話なのです。

観光における「マーケティング」というのは単に、どこの国のどういう人に何人くらい、いつ、何を見せて、何日滞在してもらうのか、そして観光サービスにいくら払ってもらうのか、そのためには何をどう発信すればきてもらえるようになるのか、というようなことを考えるだけです。

もちろん、マーケティングの手法に工夫は必要ですが、やること自体はそれほど難しいものではありません。

そこで本章では、まずはマーケティングのよい例と工夫するべき例を考えたいと思います。その後に、私が考える日本の観光業の可能性を述べたいと思います。

さらに工夫すべき日本の観光マーケティング

当然ですが、「結果」に結びつかなければ、マーケティングは何の意味もありません。どれだけ頑張っても、どれだけお金を投入しても、どれだけ時間を割いても、厳しいように聞こえるかもしれませんが、結果がともなわなければ、世界から見れば単純に「日本は観光マーケティングをやっていない」と評価されてしまうのです。

そこで、実際に日本が過去に行なってきたマーケティングを見てみると、かなり大雑把というか、あまりにも抽象的な感じを受けます。

たとえば、東日本大震災後に福島第一原発事故の影響などで外国人観光客が減少しました。これを受けて2011年10月、観光庁が対策案として出した「外国人1万人無料招待計画」が大きな話題となったのを、覚えているでしょうか。

これは無料航空券をさまざまな国の人々、計1万人にプレゼントして、外国人に日本の観光地を回ってもらい、ブログやFacebook、TwitterなどのSNSで情報発信してもらうことで、「クチコミ」を世界中に広げようという計画で、予算としておよそ11億円が請求されました。

外国人観光客に「クチコミ」が与える効果というものは、もはや言うまでもありません。2012年度の訪日外国人旅行者への調査で、滞在中のインターネット利用目的はSNSが42・2％でした。2009年度調査の3・0％から大きく伸びています。

そういう意味では、これは外国人のニーズを受けたマーケティングだと思うかもしれませんが、結局、財務省から却下されてしまいます。震災から半年、いまだに被災地は瓦礫の山で、多くの方たちが避難生活を余儀なくされているなか、もっと有意義なお金の使い道があるのではないかという当然の批判が寄せられたこともありますが、何よりも、11億円を注ぎ込んで1万人に無料航空券をバラまいたところで、いったいどれだけの「効果」があるのか、いまいちぼんやりとして見えなかったのです。

私は、財務省は賢明な判断をしたと思っています。

オーストラリアの優れた観光マーケティング例

実はこの「外国人1万人無料招待計画」からさかのぼることおよそ2年半前、世界中の大きな話題になった観光マーケティングがありました。2009年1月13日、オーストラリアのクイーンズランド（Queensland）州政府が、美しい南国の島で半年間のんびり暮らしながら高給の仕事をするという、「世界一素晴らしい仕事」の求人広告を掲載したのです。

いったいどんな仕事かといえば、グレート・バリア・リーフ（Great Barrier Reef）にあるハミルトン島（Hamilton Island）の管理人です。といっても掃除やら何やらのメンテナンスをするのではなく、やらなくてはいけないのは「情報発信」です。

主に、日光浴、水泳、シュノーケリング、セーリングなどをして、写真や動画を撮り、それを世界中の読者に向けたブログで毎週発信するのが仕事です。海好きや、マリンスポーツ愛好家からすれば願ってもないような仕事ですが、さらに人々を驚かせたのが、半年間で15万豪ドル（約1000万円）という高い報酬でした。

この求人はすぐに世界で話題になり、掲載初日の13日だけで約30万人がアクセスし、その後も1時間あたり2万5000人がアクセスしようとして、サイトがダウンするほどでした。モンゴル、バチカン市国などからもアクセスがあり、ダウン前にすでに、イギリス、アメリカ、オーストラリア、クロアチア、トルコ、イタリア、ドイツ、カナダ、オランダ、ポルトガルなどから350人以上が応募。最終的には、世界中から3万人を超える応募者が殺到したということでした。

この「管理人」が決まった後も、公式ブログは人気を集め、最終的に7000万豪ドル（55億円）ほどの広告効果があったといいます。1000万円で55億円の広告効果を生んだこのマーケティングによって、世界中の海好きやアウトドア好きに、オーストラリアの美しい自然をアピールすることができました。もしも日本が1万人の外国人に航空券をバラまいたとして、これほどの効果が得られたでしょうか。

東京や大阪での旅行を自身のブログに書き込むような外国人は、お金を払わなくても大勢います。このマーケティング施策は、11億円という巨額な税金を注ぎ込む計画でありながら、いったい誰に何を言いたいのかがわからないのです。

2030年までに8200万人を目指せ

この幻の「外国人1万人無料招待計画」からわかる日本の問題点とは何でしょうか。まず言えるのは、日本人は「外国人」というものをひとくくりにする傾向が強いということです。

ひと口に外国人観光客といっても、中国や韓国のような隣国からの外国人観光客もいれば、タイやインドネシアのように、同じアジアというエリアながらそこまで近くはないという国、あるいは海をまたいだアメリカ、ヨーロッパ、ロシア、オセアニア、アフリカなどから訪れる人もいます。国が違えば当然、日本に対する考え方も違いますし、国籍が同じでも人種や性別が違えば、当然、趣味や志向も変わります。それらをどれだけセグメンテーションし、どこをターゲットにするのかを綿密に計画して、実行していくことが重要です。


では、どうすればいいのか。私は、日本を観光立国にしていくには、まずは「顧客」が誰なのかを明確にすべきだと考えています。

明確にするためには、「計画」が必要不可欠です。まず、観光における「コンテンツ」、すなわち外国人観光客に売ることができる商品は何かということを洗い出し、それを商品別にリストアップしていきます。

次に発信です。それらの商品を誰に、いつ、いくらで売るのかを考えて、それに見合う商品を選び、ターゲットに設定した人々にどのようなルートで発信するかを決めていきます。

このような作業の結果、観光業の経済効果、必要な観光客数などが見えてくるのです。

また、これはトップダウンから考えていくことも可能です。まず経済効果を計算して、それだけの効果を生み出すためには何を商品にすべきか、もし該当する商品がないなら、どのような商品をつくり出せばいいのか、それらを逆算して、観光客数などを算出し、「計画」を立てていきます。

ここではわかりやすいので、トップダウンから見ていきましょう。長年のアナリスト人生からの経験則では、意外にもシンプルなマクロ分析は的中する傾向が強いということが言えます。もちろん、マクロ分析には欠点があり、もし私がこの分析をつぶそうと思えば、いくらでも欠点を見つけられます。口幅ったいことを言うようですが、アナリストは分析のプロですので、このような分析の穴を見つけて、論破するのが仕事なのです。ただ、そのように細かいところにはさまざまな欠点のある分析も、結論を見れば、現実とそれほど変わらないということも多いのです。

そのようなマクロ分析で、「顧客」を洗い出していきましょう。まず、日本は約500兆円の経済規模です。前にお話ししたように、世界のGDPに占める観光業の割合は9%ですので、日本においても、今の2%程度のGDP貢献度を9%まで増やしていけば、観光産業は総額約54兆円規模になるはずです。約40兆円もの追加経済効果があるのです。他の観光大国にならって1人あたりの航空券以外の支出を20万円として、なおかつ、外国人の貢献を21%だとすると、日本が本

図表5-1　GDPと観光収入（図表2-1再掲）

国名	観光収入（100万ドル）	GDP（100万ドル）	GDPに占める割合（%）
アメリカ	214,772	17,418,925	1.2
スペイン	67,608	1,406,855	4.8
フランス	66,064	2,846,889	2.3
イギリス	49,404	2,945,146	1.7
イタリア	46,190	2,147,952	2.2
オーストラリア	33,376	1,444,189	2.3
オーストリア	22,618	437,123	5.2
オランダ	22,667	866,354	2.6
合計	522,699	29,513,433	1.8
日本	16,865	4,616,335	0.4

（出所）世界銀行の2013年データをもとに作成

来目標とすべき観光客数は5600万人という数字がはじき出されます。

現在の1300万人という訪日観光客数からすれば、夢のまた夢のように感じるかもしれませんが、世界的に見れば、これはそれほど驚くような数字ではありません。中国は5569万人ですし、スペインは6066万人ですから、不可能な数字ではないと思います。特に、どんどん伸びるアジアというマーケットが近いから、逆に控えめな数字かもしれません。

今度は逆に、観光収入から逆算してみましょう。図表5-1をご覧ください。先進国の観光収入の平均は、GDPの1・8%でした。日本のGDPの1・8%といえば、817・6億ドルになります。先進国の観光収入を観光客数で割った「1人あたり観光支出」は1461ドルですので、817・6億ドルを1461

図表5-2　イギリスを訪れる外国人観光客数

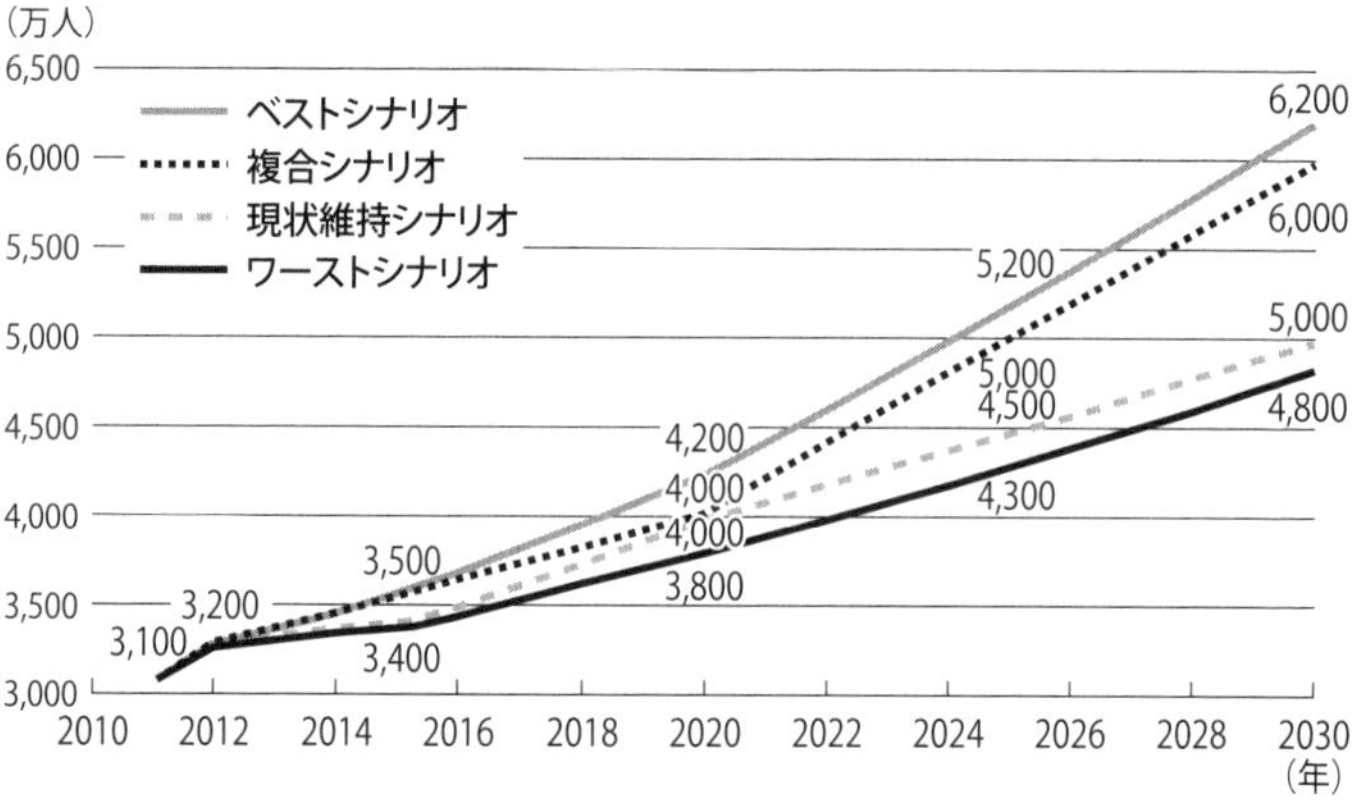

（出所）Oxford Economics

ドルで割ると、想定される観光客数は５６００万人。先ほどとまったく同じ数字が出てくるのです。

５６００万人という数値は世界第４位ですが、自国の人口に対する観光客の割合としては約44％であり、ヨーロッパ各国と比べて、決して高い水準ではありません。

私は、政府が目標に掲げている「２０２０年までに訪日外国人観光客２０００万人」の代わりに、５６００万人という目標を立てたほうがよいと考えます。また、２０３０年の目標も大きく増やさなければならないでしょう。なぜなら、今の目標では２０３０年の訪日外国人観光客は３０００万人ですが、世界の観光業市場がものすごい勢いでずっと伸びていますので、この３０００万という数字は、自然増にすぎない印象を受けてしまうからです。

イギリス政府が依頼してOxford Economicsが

まとめた報告書のなかで、観光業の成長の予測が記載されています。図表5−2をご覧ください。ワーストシナリオでは、2012年には3200万人にのぼる外国人観光客数は、2030年までに、その1・5倍の4800万人に増えるとあります。ベストシナリオでは、ほぼ2倍の6200万人になると予想しています。国連世界観光機関（UNWTO）によれば、2013年から2030年までに、世界の外国人観光客数は1・7倍に増えると予想されています。

現状維持シナリオですと、3200万人から、5000万人まで増えます。2015年の3400万人から、1・47倍になる計算です。それを日本の5600万人にかけると、2030年までに8200万人の予想が妥当な線だと思います。

第2章で述べましたように、イギリスは4条件のなかで2つしか揃ってないので、観光という点では日本より不利な国です。ビーチもなければスキーもできませんし、国土的にも、人口的にも日本より恵まれた条件がありません。にもかかわらず、6200万人を狙っているのです。つまり、2030年までに3000万人という日本の目標は、観光立国の4条件を兼ね備えた国にしては、あまりにも保守的というか、低い目標だと言わざるをえないのです。

ただ、ここで強調しておきたいポイントは、もし仮に近い将来、日本に5600万人の外国人観光客が訪れることになっても、「観光立国」として成功するかどうかというのは別の話だということです。前に申し上げましたが、「観光立国」で一番大事なのは、経済効果です。いくら外国人がたくさんきても、思っていたよりもお金を落とさず、望むような経済効果が出なければ、成功したとは言えないのです。

現状の観光客

「顧客」の全体像が見えたところで次に、現状よくきてくれているのはどこの国の人たちであり、どこの国の人たちがきていないのか、そしてこれらの国の人々がそれぞれ何を日本に求めており、何にお金を落としてくれるのかを考えていかなければいけません。

そこでまずは、セグメント別に見ていきましょう。図表5−3をご覧ください。こちらは、訪日観光客の国別ランキングです。これを見れば、圧倒的に台湾、韓国、中国、香港、タイというアジアの周辺諸国が多いことがわかります。第5位にようやく、アメリカがランクインしているくらいです。

観光庁が2014年7〜9月期に訪日外国人観光客の訪日目的を調査したところ、「日本食を食べること」と回答した旅行者がもっとも多く、76・6%という高い数値を見せています。ついで半数近くが「ショッピング（57・5%）」「自然・景勝地観光（49・7%）」と答えています。

しかし、これを国別に見ると、また違った景色が見えてきます。

まず、もっとも多く日本に訪れている台湾人観光客は、他のアジアの国よりもきわだって「テーマパーク」「旅館に宿泊」などに関心が強いことがわかっています。これは台湾に大規模テーマパーク施設がないということと無関係ではありません。そう考えると最近、沖縄に建設される計画が発表されたユニバーサル・スタジオ・ジャパンをはじめとしたテーマパークは、台湾人に向けて何かしらの施策を打っていくべきでしょう。図表5-4にあるように、2003年の521万人から2014年の1341万人に増えた外国人観光客の中で、アジアからの観光客が89・1%を占めているのです。

図表5-3 訪日外国人観光客国別ランキング

順位	国名	観光客数(万人)
1	台湾	283.0
2	韓国	275.5
3	中国	240.9
4	香港	92.6
5	アメリカ	89.2
6	タイ	65.8
7	オーストラリア	30.3

(出所)観光庁の2014年データをもとに作成

一方、その次に多い韓国の観光客は、2~3日という短期旅行が多いということもあり、「日本食を食べること」「日本の酒を飲むこと」という項目がきわだっています。逆に、旅館、テーマパーク、自然・景勝地、美術館・博物館という「観光」には、ほとんど興味はありません。なかでもきわだって関心が低いのは、「日本の歴史・伝統文化体験」「日本の現代文化体験」です。

中国観光客といえば、やはり「爆買」に代表されるように、「ショッピング」に非常に関心が高いことが結果にもよく出て

図表5-4　地域別訪日観光客数の推移

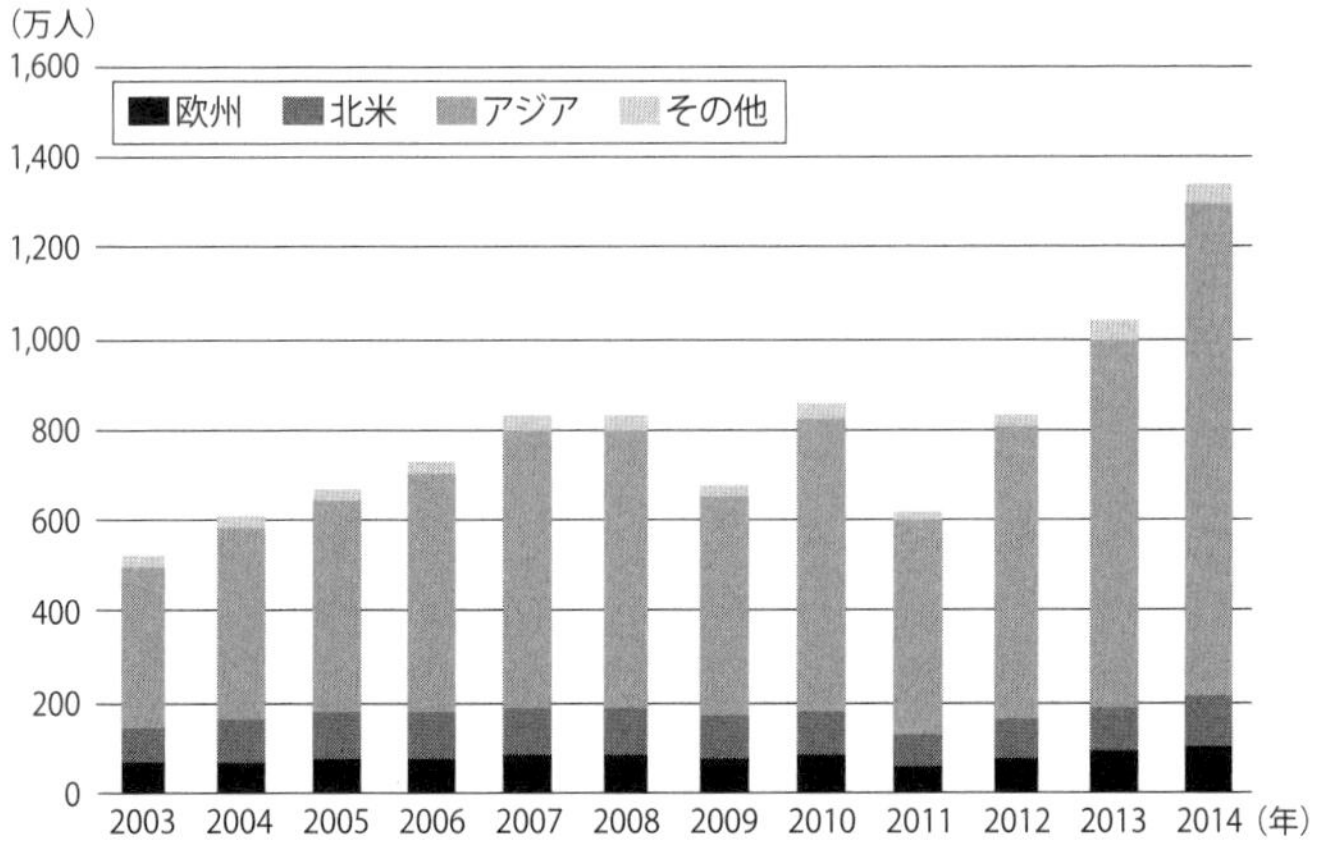

(出所) 観光庁

います。銀座のデパートで、化粧品や炊飯器などの白物家電がよく売れているというニュースがありました。中国の人たちに聞くと、中国本土でも日本の家電を購入することはできるそうですが、「日本で買ってきた」ということにも1つの価値があるようで、炊飯器などを親戚や友人へのお土産にするそうです。実際にこの「爆買」によって、大手各社が販売している海外仕様の炊飯器の販売台数は、前年同時期の2〜3倍に増えているそうです。

マーケティング的に考えたら、日本の今の観光は「食」と「ショッピング」のセグメントを武器にして、アジア諸国、特に日本ほどの発展をしていない国へのアピールがしっかりとできていると言えましょう。また、それらの観光客にどうすればきてもらえるのかというターゲティング戦略も、うまく機能しているように思えます。ビザ条件を緩和したり、免税店を増やしたり、各種手続きを簡略化したりと、賢くニーズをつかんでいるのではないでしょうか。

アジア諸国とはまったく違うアメリカ人の志向

ただ、これは「情報発信」による効果ということよりも、「ニーズに応えた」ということによる効果だと考えています。

台湾、韓国、中国からの観光客の傾向を詳細を見れば、日本が「日本食」「ショッピング」を訴求するという戦略には特に問題はないように思えてきますが、訪日観光客数第5位であるアメリカ人たちの関心を見てみると、やはりこれら3カ国とは求めているものがまったく違うことがわかってきます。

「日本の酒を飲むこと」が人気なのは同じですが、まず出てくるのが「自然・景勝地観光」「自然体験ツアー・農漁村体験」「四季の体感」という、日本独自の自然を体験するようなもの。そして、「日本の歴史・伝統文化体験」「舞台鑑賞」「日本の現代文化体験」「映画・アニメ等の舞台の地を訪問」という伝統芸能などの文化・歴史にまつわる観光や、アニメなどの現代文化に関心が強いことがわかるのです。これらの観光は、地方創生につながります。

つまり、もしもアメリカからの観光客を増やしたいということであれば、「日本食」や「ショッピング」を訴求することはもちろん、「自然」や「日本の歴史・伝統文化体験」、歌舞伎などの芸能・舞台などのアクティビティにおいて、しっかりとアメリカ人対応をしなくてはいけないということなのです。ただし、忘れてはならないのは、20代のアメリカ人が求めるものと、30代のアメリカ人が求めるものは違うということです。

別の切り口で説明しますと、20代の外国人観光客の多くはアメリカのような場所へ行って、ビーチでさまざまなアクティビティに興じる傾向があります。それが30代の半ばから、ヨーロッパなどに行って、観光に歴史や文化を求めるようなるという傾向が認められています。各種のデータで、欧米人は歴史、文化を好む傾向が出ているのは紛れもない事実ですが、これも年代別にセグメントして考えてみる必要があります。

「上客がこない」という大問題

ここで問題としてとらえなくてはいけないのは、このような外国人のニーズがあるということがわかっていて、なおかつその観光資源があるにもかかわらず、ターゲティングしたい外国人観光客がきていないという事実です。

先ほどのランキングを見てもわかるように、日本にはヨーロッパ諸国、ロシア、オーストラリアという先進国から遊びにくる人々が非常に少ないという現実があります。それは、中国やアメリカと比べたら遠いからという意見もあるかもしれませんが、みなさんも魅力のある地域であれば、多少フライトが長くても観光に行くはずです。

もう一度、先ほどの図表5-4をご覧ください。2003年から2014年にかけて、欧米だけではなく、先進国からの観光客数はほとんど増えていません。日本文化の発信の効果、クールジャパンの効果というのは、残念ながら数字にはあらわれていないのです。

次に、図表5-5をご覧ください。日本政府観光局（JNTO）の資料でも、日本人旅行者の訪問先としては中国、韓国、それにハワイなどが上位を占めてはいますが、ドイツ（73万4475人）やフランス（73万1369人）も、決して少なくありません。全体の人数を見ても、図表5-5の国々に訪れた日本人旅行者の合計が1891万2000人なのに対して、日本を訪れた同じ国々の外国人観光客の合計は、その61・1％の1155万人にすぎません。日本を訪れるドイツ人やフランス人が年間十数万人だという現実もふまえると、やはり「きていない」と言わざるをえません。

ここで、タイと日本を比べてみましょう。図表5-6をご覧ください。直近のデータでは、タ

図表**5–5**　日本人旅行者の訪問先ランキング

順位	訪問先	日本人旅行者数（2012年、万人）	日本への旅行者数（2014年、万人）
1	中国	351.8	240.9
2	韓国	351.9	275.5
3	アメリカ	369.8	89.2
4	台湾	143.2	283.0
5	香港	125.5	92.6
6	ハワイ州	146.6	—
7	タイ	137.4	65.8
8	グアム	92.9	—
9	シンガポール	75.7	22.8
10	ドイツ	73.4	14.0
11	フランス	73.2	17.9
12	ベトナム	57.6	12.4
13	インドネシア	45.1	15.9
14	マカオ	39.6	—
15	マレーシア	47.0	25.0
合計（ハワイ・グアムを除く）		1,891.2	1,155.0

（出所）日本政府観光局（JNTO）

図表**5–6**　訪タイ、訪日観光客数

（人）

国名	タイ	日本
ロシア	1,603,813	64,077
イギリス	909,335	220,060
オーストラリア	835,517	302,656
アメリカ	764,745	891,668
ドイツ	717,631	140,254
フランス	632,242	80,531
スウェーデン	324,780	40,125
総計	5,788,063	1,739,371
合計（ロシアを除く）	4,184,250	1,675,294

（出所）2014年の各国観光庁データをもとに作成

図表5-7　観光支出額ランキング

順位	国名	観光支出額（ドル／国民1人あたり）	1人あたりGDP（ドル）
1	オーストラリア	1,223	61,219
2	ドイツ	1,063	47,589
3	カナダ	1,002	50,397
4	イギリス	821	45,653
5	フランス	665	44,538
6	イタリア	452	35,823
7	ロシア	374	12,925
8	アメリカ	273	54,596
9	ブラジル	127	11,604
10	中国	94	7,589

（出所）UNWTO、IMFのデータをもとに作成

イを訪れたオーストラリア、欧米の観光客の合計は、ロシアを含めると578万8063人に対して、日本を訪れたのはわずか173万9371人。ロシアを除くと、タイへは418万4250人に対して、日本へはわずか167万5294人でした。

このようなヨーロッパ、ロシア、オーストラリアなどの人々が日本に訪れていないということは、「観光立国」を考えていくうえで、重く受け止めるべき現実でしょう。なぜかといえば、これらの国の人々こそ、世界のなかでも「観光にお金を使いたがる人々」として知られる「上客」だからです。

図表5-7をご覧ください。こちらは観光に対する1人あたりの支出額を、国別にランキングしたものです。いわば、観光というものに対してお金を惜しみなく出す人々ということです。

日本のみなさんにはあまりイメージが湧かないかも

しれませんが、トップはオーストラリア。ついでドイツ、カナダ、イギリス、フランス、イタリア、ロシアという国が並びます。非常に興味深いのは、上位国からの訪日観光客が非常に少ないということです。第８位と第10位になってようやく、アメリカと中国という日本のお得意様が入ってくるのが現実なのです。

この分析を始めたときに、オーストラリア人が観光に一番お金を使っているという国連のデータを見て、少し意外な気がしました。ただ、分析をすすめていくと、ほどなくその理由がわかりました。図表５-７を見ればすぐわかるように、オーストラリアは観光支出額ランキングトップ10の国のなかで、１人あたり名目ＧＤＰが一番高いのです。

それと同時に、オーストラリアのロケーションも関係しています。オーストラリアから国外へ観光したいと考えたとき、ニュージーランド以外はどこに行くにも遠いのです。これがポイントで、さまざまな調査で、訪れる国が遠くなればなるほど、長く滞在する傾向が確認されています。当たり前でしょうが、やはり航空券が高くなるし、飛ぶ時間が長いから、長く滞在したくなるものなのです。

実際にデータを見ると、オーストラリア人は滞在期間でもトップに位置しています。観光でもっともお金を落とすのは、「滞在型観光」だということは、言うまでもありません。数日いるだけでは、経済効果はさほど望めません。長くいれば、宿泊費も含めてそれだけ多くのお金を滞在先の国に落とすことになり、経済効果も大きくなるのです。私がより多くのオーストラリア人や欧米人にきてもらえるようにすべきだと主張する理由は、長期滞在者が増えることによって、観光収入も増えるからにほかならないのです。

「収入」視点のセグメンテーション

このような観光客の「質」の議論をすると、必ず出てくるのが「観光客を国や人種によって差別するのか」という指摘ですが、そのようなつもりはありません。

1人でも多くの観光客、1つでも多くの国の人に日本の地を訪れてもらいたいという理想を掲げるのは悪いことではありませんが、現実にはこれまで何度も申し上げているように、観光客は10人いれば、10人やりたいことが違います。つまり、それぞれ日本に求めるものが違うので、セグメントに分けてターゲティングをしなければ、「観光立国」は成り立たないのです。

そこでもう1つ欠かすことのできない視点が、「収入」です。日本の外国人観光客にまつわる報道を見ていて違和感を覚えるのは、「訪日外国人観光客が前年比で××％増加した」と、人数を中心に報じられることです。これは世界的に見るとかなりユニークで、世界で「観光立国」として評価されている国が一次的目標として掲げているのは、基本的に「観光収入」なのです。

当たり前の話ですが、たとえば1000万人の観光客がきても、1人あたり1万円しか使わないときの経済効果と、1人あたり10万円を落とす場合の経済効果は、まったく違います。もちろん、それなりの観光客数も大事な前提ではありますが、観光立国が「効果」としてこだわらねばならないのは、「いかにしてお金を落とさせるか」ということなのです。

極端な話、外国人観光客が非常にたくさん訪れても、みなバックパックを背負って安宿に泊まり、つつましい滞在をするような国は、「観光立国」にはなれません。このような観光客を軽んじろというわけではなく、このような人々が楽しめる環境もあり、一方で観光にはしっかりとお金を使いたいという人々向けにもお金を落とせる場所、サービスを整備している国こそが、「観光立国」だと言いたいのです。

そのような意味では、フランスがわかりやすいかもしれません。観光客数では断然トップなのに、収入は3番目です。これは、ヨーロッパ近隣諸国からの短期滞在者が多いという要因が大きいのです。

この特徴は、日本も似ています。訪日観光客が1300万人になったとはいえ、その多くは日本に数日しか滞在しない、アジアからの観光客です。図表5-8にあるように、韓国からの観光客は平均して5日しか宿泊しないので、1日あたりに使う金額が多くても、総額が少なくなってしまうのです。滞在日数が少なければ、やはり落とすお金も少なくなるのは当然でしょ

図表5-8　訪日観光客の国別の特徴

国名	支出金額（円）	平均泊数（日）	1泊平均支出金額（円）	研修・商談比率（%）
ベトナム	237,688	31.9	7,451	82.5
中国	231,753	19.6	11,824	65.5
オーストラリア	227,823	12.5	18,226	31.5
ロシア	201,588	23.1	8,727	56.5
フランス	194,685	8.9	21,875	21.2
イギリス	187,239	9.6	19,504	29.1
カナダ	170,599	8.6	19,837	28.9
インド	167,530	35.3	4,746	72.2
アメリカ	165,381	10.9	15,173	32.6
シンガポール	155,792	6.6	23,605	17.0
ドイツ	148,774	7.8	19,074	18.1
香港	147,958	6.2	23,864	16.7
タイ	146,029	15.3	9,544	52.0
マレーシア	145,466	15.4	9,446	46.0
台湾	125,248	7.4	16,925	27.8
インドネシア	119,884	17.9	6,697	47.3
フィリピン	105,284	38.3	2,714	57.1
韓国	75,852	5	15,170	17.3
平均	151,174	12.4	12,191	46.2

（出所）観光庁

う。観光客数という見た目よりも「身入り」が小さい、経済効果が薄いというのは、フランスと日本の共通点と言えましょう。

なお、最近、ベトナム人が一番お金を落としてくれるという事実が注目されていますが、図表5－8を見てもわかるように研修・商談を目的とした来日が多いため、1日平均の落とす金額は少なく、観光客として位置づけるのは難しいと考えられます。

リーケージ問題

このような「観光収入」を重要視していくうえで、もう1つ考慮しないといけないのは、リーケージ問題、すなわち「お金が漏れる」という問題です。

観光業というのは、訪れた外国人が外貨を円に換えて商品・サービスを買うという意味で、輸出業としてカウントされます。ですが、もしも観光客が輸入品を買った場合、その分だけ入ったお金が出ていくので、輸入品に使ったお金を相殺して考えるのが普通です。このような考え方で中国人観光客の「爆買」などを見てみると、かなり観光収入を調整せざるをえない状況が見えてくるのです。

彼らが買っているものを見ると、炊飯器などの電化製品、そして海外ブランド品、100円ショップの品物などが多くを占めています。海外ブランド品の場合、国産以外の部分のお金は海外に流れます。100円ショップの製品や家電などは一見すると「日本製」ではあるのですが、中国をはじめとするアジア諸国で製造されていることが多く、観光収入と輸入品とを相殺する必要があります。

つまり「爆買」は、地方経済にはその消費の効果がほとんど及んでいないという現実も考慮すると、見た目の派手さと比べて、経済効果としてはたいして大きくないと言えるのです。

滞在日数に着目せよ

訪日外国人観光客数といえば、日本では2020年までに2000万人という目標を立てたことが大きく報じられています。先ほどこの目標設定があまりに低いことを指摘させていただきましたが、なぜこのような戦略になるのかというと、現状の把握と目標の設定がやや誤っていることに原因があると考えています。

たとえば、アメリカを訪れる観光客は平均して14・4日滞在するというデータがあります。それだけ滞在してお金を落とす外国人観光客と、1週間ほどしか滞在しないアジアからの訪日観光客を一概に比較することはできません。経済効果がまったく異なるからです。

本来は、経済効果、平均滞在期間、1人あたり支出、どこの国から何人くらいかということをすべて試算したうえで、目標とする観光客数が割り出されます。ここで、重要なのは滞在期間です。滞在期間と観光客の支出には、強い相関関係があるからです。図表5-9に示したアメリカ政府のデータによると、観光客の支出の26・9%が宿泊で、18・4%が食事ですので、支出額の45・3%が、滞在するための費用なのです。当然、3日だけ滞在する人と2週間滞在す

図表5-9　観光客の支出項目の構成比

	金額（ドル）	構成比（%）
宿泊	464	26.9
買い物	456	26.4
食事	318	18.4
エンターテインメント	205	11.9
陸運	96	5.6
空運	87	5.0
その他	68	3.9
空港	33	1.9
合計	1,727	100.0

（出所）アメリカ政府の2013年データをもとに作成

る人とでは支出は大きく異なりますので、ポイントは人数よりも「のべ人数」になるのです。つまり、大事なのは観光客数ではなく、どれだけ長期滞在する観光客を呼べるかにあるのです。

そこで注目すべきは「日本からの距離」です。先に申し上げたように、オーストラリア人の観光支出ランキングがなぜ世界一なのかというと、理由の1つにはオーストラリアという国がどの地域に旅行をするにも遠いということが挙げられます。わざわざ遠くの国まで出かけて2〜3日の滞在ではもったいないので、オーストラリア人観光客は、渡航先で長期滞在する傾向があります。そのため支出も多くなっていきます。

このデータをふまえると、日本の観光収入が少ない理由の1つは、遠くからやってくるため1日あたりの支出額がある程度高い、長期滞在の観光客が少ないからだという予測が成り立ちます。また、富裕層になるほど、遠くの国へ出かけた場合、長期滞在をする傾向が強いと言われています。観光収入のアップということを考えると、アジア近隣の富裕層を取り込むのはもちろん、「遠くの国からやってくる富裕層」にもアピールするマーケティングが必要になってくるのは明らかです。

「目利き」「よき理解者」にきてもらおうという傲慢

ただ、残念ながら今の日本では、このようなマーケティング方針とは真逆のことをすすめているような気がしてなりません。

その象徴が、2020年に向け、「2000万人の高み」を目指すためということで、現在、観光庁の交通政策審議会観光分科会や観光立国推進閣僚会議などにおいて、インバウンド施策の方向性や戦略などについて行なわれている議論です。

このなかに、訪日プロモーションの具体的取り組みである「ビジット・ジャパン事業」について、これまでとはまったく異なる取り組みが必要であることから、初めて外部マーケティング専門家の知見を取り込むこととし、新たに「マーケティング戦略本部」を設置。従来のプロモーション方法をあらためて検証したうえで、今後は、より科学的・合理的な分析のもと、戦略的にプロモーションを実施していくこととしました。

科学的・合理的というのは、これまでも私がもっとも日本の観光マーケティングに欠けていると思っていたことですので、ここはぜひとも頑張っていただきたいと大いに期待しているのですが、これまで発表された方針を見て、一抹の不安を感じています。それは以下のような文言があったからです。

（3）訪日プロモーションの新たな切り口での展開

・「質の高い」日本の魅力を広めてくれる成熟した訪日旅行者層（「目利き」）へのプロモーションを強化する。【新規】

・多くの外国人に青少年のうちから日本の良き理解者となってもらい、将来に向けて長期的視点で訪日客層を形成するとの観点から、教育旅行の誘致など若年層の交流拡大に向けたプロモーションを実施する。【新規】

「目利き」とか「良き理解者」という言葉からは、何やら日本の「質の高さ」を理解してくれている外国人に目をつけて、彼らをうまいこと活用して、日本の魅力を広めようという印象を受けます。つまり、親日家のような外国人を探し出したり、日本企業がかつて大学生を「青田刈り」していたように、日本文化に造詣の深い外国人を若いうちから育成することがマーケティングだと考えているようなのです。

先ほども申し上げたように、日本に今必要なのは「質の高い観光客」の声に耳を傾けて、変えるべきところは変え、改善すべきところは改善して、彼らがお金を落とせるだけのインフラやコンテンツを整備していくことなのです。親日家が日本の魅力を広めてくれるなどということに期待していては、効果は小さいでしょう。

なぜ私がこのような国の方針を問題視するのかといえば、地方自治体がこれを正しいと思って、「手本」としてそれに追随する動きを見せていき、最終的には日本全国に誤った観光戦略が広まってしまう恐れがあるからです。

たとえば、２０１４年秋に京都市が策定した「京都観光振興計画２０２０」のなかにも、さっそくこのような考え方が取り入れられています。

施策⑮　成熟した訪日旅行者（目利き層）・ムスリム層（イスラーム教徒）市場等の深耕など、国の政策をけん引する外国人観光客の誘致策を強化する。

「目利き」というのは価値を共有し、理解する人々だということです。自分たちの耳に聞こえがいいことしか言わない外国人だけをもてはやすような発想をしていては、京都には残念ながら、いつまでたっても多くの外国人観光客が訪れることはありません。

このような主張に対して、京都や奈良には外国人観光客がたくさん訪れており、なかには日本文化のよさを理解している〝目利き〟だっているという反論もあるでしょうが、それは2つの意味で幻想であると言わざるをえません。

細かいセグメンテーションで迎え入れる

京都に代表されるように、実は日本における「外国人観光客」というのは台湾、韓国、中国などのアジア、そしてアメリカからの人たちがメインであり、非常に偏っているということがわかっていただけたと思いますが、このことをふまえて日本がどのような「観光大国」を目指していくのかを考えるべきでしょう。

台湾、韓国、中国という近隣国からの観光客を重視するというのも、当然大切です。すでにきている人々をリピーターにすることや、さらに多くのお金を落としてもらえるような施策も考えるべきでしょう。もちろん、「自然」や「伝統文化」を体験したいというアメリカ人観光客のニーズに応えていくということも大切です。

しかし、これまで見てきたように、観光客数が他国と比較して極端に少ない日本としては、やはりまずやるべきは「日本を訪れていない国の人たちにきてもらう」ということであるのは言うまでもありません。日本が観光後進国になっている最大の理由は、この課題が十分に解決できていないからなのです。

そのように外国人観光客の総数、バリエーションを増やしていくかたわらで、力を入れなくてはならないのが、「お金」と「人口」のある国の観光客の誘致でしょう。図表5–10をご覧になっていただければ、日本がターゲットにすべき国の人々が、残念ながらまだ訪れていないという事実がおわかりになるのではないでしょうか。

繰り返しになりますが、どんなに外国人観光客から熱烈に支持され、愛されても、それだけでは観光大国にはなれません。その国が有する観光資源を最大限評価してくれる外国人観光客がいて、初めて観光大国になることができるのです。「日本は好きだけど、あまりお金を使わずに旅行したい」という国の人が数千万人やってきても、経済効果は小さいのです。それと同様に、お金をうなるほどもっているけれど、人口が少ない国の人たちから支持されても、やはり大きな効果は望めません。

そうなってくると、おのずと浮かび上がるのが、先ほど「お金を落とす国」として名の挙がったオーストラリアや一部のヨーロッパ諸国の人々です。消費や人口規模を考えると、彼らなくして日本が観光大国になることは、かなり難しいという結論になるのです。

また、中国はまだ1人あたりＧＤＰが低いですが、省別で見ると特にマーケティングすべき省

図表**5-10**　1人あたりGDPと人口

国名	1人あたりGDP（ドル）	人口（人）
ルクセンブルク	111,716	562,958
ノルウェー	97,013	5,165,802
カタール	98,965	2,334,029
スイス	87,475	8,211,700
オーストラリア	**61,219**	**23,793,340**
デンマーク	60,563	5,659,715
スウェーデン	58,491	9,760,142
サンマリノ	56,820	32,789
シンガポール	56,319	5,469,700
アメリカ	**54,596**	**320,714,160**
アイルランド	53,461	4,609,600
オランダ	**51,372**	**16,916,700**
オーストリア	51,306	8,579,747
アイスランド	51,261	329,100
カナダ	**50,397**	**35,702,707**
フィンランド	49,496	5,478,002
ベルギー	47,721	11,239,755
ドイツ	**47,589**	**80,925,000**
イギリス	**45,653**	**64,800,000**
フランス	**44,538**	**66,109,000**
ニュージーランド	43,337	4,581,009
アラブ首長国連邦	43,179	9,577,000
クウェート	43,103	3,268,431
香港	39,871	7,264,100
イスラエル	36,990	8,320,100
ブルネイ	36,606	422,675

（出所）IMFの2014年データをもとに作成

がわかります。図表5―11をご覧いただければわかるとおり、日本の1人あたりGDPの半分近くまで成長している省もありますので、そういった省は、狙い目だと言えるでしょう。

そこで重要になってくるのが、このような国へ向けたマーケティングです。何を求めているのかを国別に浮かび上がらせて、その対策をとるという地道な作業を続けていくのです。日本の観光庁でもようやく、外部の専門家を使うようになりましたが、海外では自国の大使館やマーケティングの専門家などのコンサルティングを受けて、かなり細かく国別のセグメンテーションとターゲティングを行なうのが一般的です。

それを象徴するのが先日、CNNで報じられて話題になった、イギリス観光庁が作成したという観光業界向けの手引きでしょう。イギリスを訪れる外国人客に、ホテル従業員はどう対応すべきかなどのアドバイスが並んだものです。一例を挙げてみましょう。

図表5-11 中国の省別1人あたりGDPと人口

省名	1人あたりGDP（ドル）	人口（人）
天津	16,083	14,427,000
北京	15,051	20,921,000
上海	14,547	23,978,000
江蘇	12,047	79,297,000
漸江	11,054	54,875,000
内モンゴル	10,899	24,937,000
遼寧	9,960	43,895,000
広東	9,452	106,190,000
福建	9,342	37,610,000
山東	9,094	97,091,000
吉林	7,620	27,508,000

（出所）IMFの2014年データをもとに作成

「カナダからの訪問客をアメリカ人と呼んではいけない」

「インド人は愛想がいいが、気が変わりやすい」

「ロシア人は長身なので、天井の高い部屋を用意するべき」

「日本人の要望には、たとえ具体的に言われなくても、すべて先回りして対応すること」

「ドイツ人とオーストリア人は総じて遠慮がなく要求が厳しいため、無礼で攻撃的に見えることもある。苦情には迅速に対応すること」

「オーストラリア人が冗談でイギリス人をPomsという俗称で呼ぶのは、親しみを込めた表現だと心得ておくこと」

「香港の迷信深い人には、歴史ある建物や四柱式のベッドで眠るのは幽霊が出そうだと嫌うので、すすめてはいけない」

「面識のないフランス人にほほ笑みかけたり、目を合わせたりしてはいけない」

「ベルギー人には、同国の複雑な政治や言語圏の話をしようとしてはいけない」

「日本人客にははっきりノーと言わず、もっと感じのいい言い方を考えなければならない」

これは何もイギリスが特殊なのではなく、フランスでもパリの観光局が外国人に対する国別接客マニュアルを配布しています。国ごとにセグメンテーションをして、何を求めているかを理解したうえで「おもてなし」をするというのが、観光大国では常識となっているのです。

このような細かいところまでやることに驚かれるかもしれませんが、自分たちから各国の国民性に合わせることもなく、理解者（目利き）を探そうという日本の観光産業のほうが特殊なのであって、観光立国を目指している多くの国でも、これくらいのことはやっています。なぜかというと、これだけのことをやれば、観光客増と観光収入増という「結果」に結びつくからです。相手の文化や国民性を理解したうえで、自分たちの観光資源に価値を見出して、お金を落としてもらうというのが、観光ビジネスの基本中の基本なのです。

もちろん、国というカテゴリ分けだけでは不十分です。たとえば、「イギリス人」というカテゴリ分けだけではいけません。イギリス人でも男もいれば、女もいる。富裕層もいれば、中間層もいれば、フーリガンのような人々もいる。観光に求めるものも十人十色で、山が好き、海が好き、文化財のなかでも神社仏閣に関心がある人、お城にも行ってみたい人など、多岐にわたっています。このように「イギリス人」のなかでもかなり細かくセグメンテーションをしたうえで、それらの層に何をどう発信していくのかという戦略を計画的に練らなくてはいけません。

もっと具体的に言えば、それはさまざまな趣味別の「観光コース」という商品を、どうやって、どこの国のいくらくらい収入がある人にアピールするのかということを、明確にする作業です。

そのためには、ターゲットとする人々が普段どういうメディアを使って旅行の予定を決めているかという分析・調査も、必要不可欠でしょう。

このような調査・分析はやはり、日本政府や日本企業が単独で行なうのではなく、現地の企業をフルに活用する必要があります。これは逆のケースを考えれば、わかっていただけるのではないでしょうか。

たとえば、電通などの広告代理店は質が高いと思いますが、やはり日本人ゆえ、海外の細かいところまではわかりません。もちろん、海外の広告代理店グループを買収するなどしてグローバルのネットワークは構築しているでしょうが、やはり細かい部分では地場の企業には勝てません。個別のマーケットのニーズという細かい話は、やはりその国の企業が一番よくわかっているのです。

ツーリスト・トラップにご注意

このようなマーケティングをすすめていくうえで注意しなくてはいけないのが、「ツーリスト・トラップ（Tourist trap）」です。辞書を調べてみると、混雑しすぎている、値段が張りすぎている、マーケティングしすぎている観光名所のことを言うことがわかります。評判ほどの魅力のない、供給者側の都合を優先した観光地だと言えるでしょう。

実は残念ながら、世界のツーリスト・トラップのワースト25を見ていくと、なんと東京は第6位にランクインしています。その理由として、やはりコンクリートだらけで、言われるほどの日本らしさや歴史がなかったと書かれていました。ちなみに1番はニューヨークのタイムズスクエアでした。ニューヨークに3年間住んでいた私も同感です。

なぜこのツーリスト・トラップの話をしたのかというと、日本の地方では、このような観光地を多く見かけるからです。

日本には「町おこし」「村おこし」という発想があります。これは多くの場合、観光客が訪れるだけの魅力が乏しい地方が魅力を磨く代わりに、マーケティングを徹底的にやって、観光客を呼び込もうというものです。

当然、マーケティングで実力を水増ししているので、すぐに馬脚があらわれます。日本のカメラマンの、観光地をよく見せる技術はすごいと思います。ただ、実際に行ってみると、写真どおりではなかったと観光客がガッカリする。みなさんも1度や2度は、そんな体験をしたことがあるのではないでしょうか。これも日本人ならガッカリくらいですみますが、高い旅費をかけてやってくる外国人の場合は、ツーリスト・トラップという悪評として拡散されてしまう恐れがあります。今はネットのクチコミでの情報収集は、どの先進国の旅行者も当たり前のようにやっています。

とにかく「町おこし」をしたい、お金を落としてほしいという欲がまず先に出て、観光地としての基本的な整備をしないでマーケティングが先行するのは、長い目で見れば、決していいことはないのです。

圧倒的に不足している観光ロジスティクス

このようなマーケティングによって、日本に訪れていない国の人々が何を日本に求めているのか、何があれば観光地まで足を運んでくれるのかということが浮かび上がってきたら、次に手をつけなくてはいけないのは、このような外国人観光客たちがやってきても最低限困らないだけのインフラ、つまりロジスティクスの部分をしっかりと整備することです。

インフラ整備という表現をすると、まるで日本が外国人観光客の対応についてほとんど未整備だと言っているような印象を受けるかもしれませんが、外国人の目から言わせていただくと、日本は外国人観光客に優しくない先進国です。

ロジスティクスといっても、高度な技術を要するものではありません。外国人観光客の立場に立って、楽しく、困ることのないように1日を過ごしてもらうための設備を準備すべきだということです。

たしかに、日本も最近はいろいろなところに外国語の案内板ができましたし、百貨店や家電量販店も外国語対応に力を入れるようになりましたが、それでもまだまだと言わざるをえません。日本にやってくる外国人の立場に立って見てみると、便利になっていないことが多いのです。

それを象徴するのが、日本の玄関口である成田国際空港です。みなさんも海外旅行から帰ってきた際に出入国カウンターを通過すると思うのですが、私はあそこを通るたびに、なんとも言えない違和感を覚えます。ご存知のように、カウンターには日本人向けと外国人向けがありますが、圧倒的に外国人向けのカウンターが少ないのです。どんなに日本人向けカウンターが閑散としていても、係員の方たちから「こちらにどうぞ」という声がかかることはありません。係員は自分の持ち場だけを見ればいいという感じで、外国人には外国人向けカウンターに長蛇の列をつくらせるのです。

私もこれまでいろいろな国を訪れてきましたが、この光景を初めて見たときは衝撃を受けました。普通はその国にやってくる外国人というのは「お客さま」です。これは精神的な意味ではなく、外貨を落としてくれる存在であり、観光資源を消費してくれるという意味です。ですから、海外では入国カウンターは複数用意され、なるべく並ばせたり、待たせたりすることのないように配慮されています。

また、空港へのアクセスもそうです。成田までの公共交通機関といえば、バスやタクシーなどもありますが、都心への距離なども考慮すれば、やはり多くの観光客は電車を使います。その代表が「成田エクスプレス」ですが、実はこの電車の終電は、海外からの最終便が到着する前に終わってしまうのです。また、羽田空港も都心へ向かう最終バスは、実質的に最終便の到着よりも早く発ってしまいます。

細かいことだと思うかもしれませんが、空港に到着した外国人にとっては、これが日本の第一印象ですから、非常に重要なのです。ここで、日本は自分たちのような外国人観光客の利便性を考えてくれていないのかというマイナスの印象を与えてしまうと、ここからスタートする旅にもマイナス思考になりがちで、日本のよいところよりもマイナス面が目につきやすくなってしまう恐れがあるのです。このような旅の印象がクチコミに与える悪影響は、いまさら説明する必要はないでしょう。

また、始発に関しても同じことが言えます。もちろん、その日最初のフライトに間に合わないということはありませんが、始発に乗っても成田空港に到着するのは離陸の30分前。これでは、空港でお土産を買う時間がないのはもちろん、出国手続きすら間に合わない恐れがあります。

JRも悪気があってこのようにしているのではないでしょうが、何も知らない外国人観光客、特に日本を初めて訪れた人たちには、「なんと気が利かない、外国人に厳しい国だ」という誤解を与えてしまう可能性が非常に高いのです。やはり外国人に対する「調整」をしたほうが評価が高まると思います。

外国人だけ特別扱いはできないという反論もあるでしょうが、先ほども申し上げたように、彼らは日本経済のためにお金を落としてくれる「客」です。「客」を「客」として扱い、満足させなければ2度目の来店がないというのは、世界共通の常識です。

さらに個人的には、なぜ成田国際空港から新幹線を走らせないのか、不思議でしょうがありません。外国人のなかには、日本は「新幹線の国」というイメージをもっている人も少なくありません。空港から直結で新幹線に乗ることができるというのは、一部の外国人からすれば目玉になるでしょうし、あまり新幹線に関心がない層にも、スピードという恩恵を与えることができます。

現在、日本は世界各国に新幹線の技術を売り込みに行っているそうですが、それよりもまずは成田―東京間に新幹線を走らせるだけで、大きな効果が期待できるのではないでしょうか。

ちなみにイギリスのヒースロー空港から出ているヒースロー・エクスプレスは15分ごとに運行されており、ロンドン市内までおよそ15分で到着します。昔はタクシーか、市内まで1時間以上はかかる地下鉄しかありませんでした。フランスもシャルル・ド・ゴール空港からより早くパリ市内へ行ける方法を、国策として検討し始めています。このような「調整」はパリの人々のためではなく、外国人観光客を増やすためのものであることは言うまでもありません。

まだまだある「外国人未対応」問題

交通機関といえば、一般の交通機関も外国人に優しくありません。先ほども申し上げたように、時間に正確で、目的地に1分の誤差もなく見事に到着するというのは、外国人観光客にとっては「日本人は几帳面だな」くらいのリアクションで、観光をするうえでさほど大きな意味はありません。

それよりも、むしろ外国人観光客の不満を集めているのが、「値段の高さ」です。東京で観光をしてから京都に行こうと思った場合、4人家族で新幹線のグリーン席にでも乗れば、交通費だけで往復10万円を超えます。JR東海は潤いますが、京都市の調査によると、目的地である京都には1万3000円しかお金を落としていないのです。それを考えると、この高額な交通費が外国人にとってかなりのネックとなっていることがわかります。たとえば、出雲までの往復交通費が約5万円というのは、あまりに高すぎる印象です。このような高い交通費は、地方の観光産業にとって大きな障害になっているのです。ちなみにロンドン〜パリ間は、往復で約2万5000円です。

外国人観光客のための環境整備として必ず挙がるWi-Fiに関しては、東京メトロなどでようやく整備が始まってきてはいますが、ほとんど手がつけられていないのが券売機です。多くの先進国では電車のキップを買うときにもクレジットカードが使えますが、日本ではいまだに一部ではクレジッドカード対応をしていません。ＳｕｉｃａやＰＡＳＭＯという電子マネーがあると思うかもしれませんが、これはあくまで自国民のためのサービスであって、わざわざ異国からやってきた外国人観光客にこれを使うように求めるのは、かなり厳しいものがあります。日本のように、日本の通貨のみしか扱えない券売機というのも、先進国ではかなり特殊です。

このような〝現金主義〟の券売機というのは、地方都市ではとても多いです。私の仕事は、日本全国のさまざまな国宝、重要文化財の修繕を行なう会社の経営ですので、当然、地方にもよく足を運びます。そこで日光東照宮に行くときは東武鉄道、伊勢神宮に行くときは近鉄などを利用するのですが、そこでいつも驚くのは、クレジットカード対応機器がいまだにないということです。券売機の隣にキャッシングができるＡＴＭがあればまだいいのですが、これも整備されていません。マチュ・ピチュのような大自然へ向かう交通機関でも、クレジットカード対応はしています。世界中から観光客が訪れるのに、現地の小銭しか使えないなどというインフラ整備は、ありえないのです。

先ほど申し上げたように、まだ日本にそれほどやってきていない国の人々、ヨーロッパ諸国やオーストラリアの人たちのなかで、30代以上には「文化財」に関心の高い層がいます。もし、このような人々を日本に誘致することができて、日本の文化財を見てみようとなって近鉄や東武鉄道の券売所にきたとき、彼らはどう思うでしょう。「本当にここは技術大国か」と呆れてしまうのではないでしょうか。

自国民をさばく観光からの脱却

日本の観光戦略を「おもてなし」と決めて、高度な「おもてなしサービス」を充実させることが悪いと主張しているのではありません。ただ、外国人にとって低レベルだと思うサービスが日常的に目につくようであれば、いいイメージを抱いてもらうどころか、せっかくの高度な「おもてなしサービス」も台無しになってしまう恐れがあるということが言いたいのです。

たとえば、2014年の夏に、鎌倉の花火大会に行きました。花火自体は非常に素晴らしく、その美しさに感動したのですが、一方で辟易としたのは、そのあまりの混雑ぶりと、ポイ捨てゴミの酷さです。これは恐らく、日本中どこの花火大会でも抱えている構造的な問題でしょう。

このような現場を外国人観光客が見てまず思うのは、なぜ日本の交通機関がこの問題を解決するために、何の努力もしていないのかということでしょう。毎年やっているのですから、このような状態になるのはわかりきっています。運行本数を増やす、他の交通機関への振替輸送をするなど、いくらでも方法はありますが、手をつけている様子はありません。実際に私が行った鎌倉の花火大会も終了後、鎌倉駅は群衆でちょっとしたパニック状態になっているのに、電車を増やしていませんでした。結局、終電近くまで帰れない見物客たちが、路上に座り込んでいました。

もしも日本に初めてやってきた外国人が、このような花火大会に参加したらどうでしょう。「日本の花火はきれいだったが、イベントのロジスティクスとしては最低だ」と酷評されることは避けられないでしょう。いや、それも日本文化でしょうと言われるかもしれません。たしかにそれは一理ありますが、日本人ならば「まあしかたがない」と我慢できることも、外国人にとっては我慢できないこともあります。繰り返しになりますが、外国人観光客は異国のいい文化を体験したいと考えて、多くのお金と時間を費やして日本にやってきます。我慢をしなくてはいけないというのなら、ほかの国に行けばいいだけの話なのです。日本で暮らす日本人だけが楽しむものであれば、「調整」をする必要はないのでしょうが、このような「客」を迎える観光立国を目指すのであれば、それでいいのかという問題があるのです。

たとえば、花火大会の混雑を避けるためには「年1回」ということも考え直すポイントかもしれません。前章で「ゴールデンウィーク」の問題点を指摘させていただきましたが、日本の観光産業の根底には、とにかく多くの観光客を1カ所にわっと集めて、少ない労力でいかにさばくかという、効率性の意識があるように感じます。連休になればわっと観光客が押し寄せて、ホテルが値上がりする。鎌倉の花火大会になれば同じようにわっと見物客が押し寄せて、屋台が並ぶ。私は決してこのような収益モデルを頭ごなしに否定するわけではありませんが、やはりこれは人口が右肩上がりで増えていくなかで成立した、自国民を対象とする、需要側よりも供給側寄りのビジネスモデルだと思っています。

自国民の人口が減少していくなかで、新たにお金を落としてくれる外国人を観光客としてターゲットにするのなら、現在のような「多くの自国民をさばく観光」から「価値観の異なるさまざまな人たちにお金を落としてもらう観光」という方向へ、大きく発想を転換しなくてはいけません。

地域デザイナーの必要性

インフラという意味では、もちろん情報提供も工夫する必要があります。アメリカ政府観光局によると、外国人観光客が現地で何をするか、何を観光するのかというスケジュールを立てるのは、渡航のおおよそ112日前だそうです。そう考えると、観光庁の日本観光PRサイト、「Visit Japan」のスケジュールなども、まだブラッシュアップしていく余地はあると思います。

このサイトでは、112日前はおろか、今まさに行われている、あるいは本当にもうすぐ行われるイベントと、前年にあったイベントなど過去のスケジュールしか閲覧できません。日本人ならば前年の時期を参考にしておおまかなスケジュールを組み、1カ月前くらいになったら今年のスケジュールを入手して、詳細な旅行計画を立てるということも可能でしょうが、このスピード感では、外国人観光客にとってはあまり役に立ちません。

桜の開花予想から伝統文化系の祭り、アニメや和食などの体験イベントなどまで広範囲に網羅した情報を、日本観光を検討している外国人に、最低でも3~4カ月前倒しで提供するような体制も必要でしょう。

インフラということとちょっと離れてしまいますが、外国人観光客を招致する以前に、すぐにでも整備をしなくてはいけないポイントがあります。それは街並みです。

外国人観光客の多くは、交通機関を利用するだけではありません。自分の足を使って、観光都市のなかを歩き回ります。そのときの楽しみは、やはり街並みです。自分の国と変わらないような街並み、自分が普段働いているようなオフィス街を異国でも体験したいという人はかなりの少数派で、日本にきた以上、自分の国にはない日本らしい街並みを歩いてみたいものです。ただ、この整備がほとんど手つかずという惨状なのです。

それを象徴するのがゴミです。日本の都市は清潔と言われており、たしかにゴミも私がやってきた25年前に比べたら、格段に少なくなってきています。ただ、これもやはり「日本人目線」というか、「住民目線」である可能性があるのです。

外国人観光客を対象にした調査では、ゴミは2番目に多いクレームです。捨てる場所がないので、1日中もったまま観光しなければいけないか、コンビニエンスストアのゴミ箱を探さなくてはいけないことを、非常に不親切だと感じている外国人が多いのです。

ゴミ問題の専門家のなかには、観光地にゴミ箱がないと観光客がゴミを持ち帰るので、ゴミが減るというようなことを主張される方もいますが、非常にナンセンスです。たしかに観光地のゴミ箱を減らして、持ち帰ってくださいとやれば観光地のゴミは減るかもしれませんが、ものを買っている以上、ゴミ自体は減りません。単に捨てるところがなくて「困る」という状況になるだけです。また、本当にゴミが減るというのは、経済効果という意味ではマイナスです。余計なゴミが出るのを敬遠すれば、観光地での物品購入を減らします。買い物が減るわけですから、経済効果もその分減るのは自明の理でしょう。

外国人観光客の「ショッピング」というものも「おもてなし」の1つであるのなら、それにともなって排出されるゴミ問題に関してもしっかりとフォローするのが「おもてなし」なのではないでしょうか。買ってもらいたいけれども、ゴミは違うところまでもっていって捨ててください、うちの自治体で捨てるのはお断りしますという主張は、ご都合主義以外の何物でもありません。

また、外国人観光客のなかには、日本の「ベンチ」の少なさを指摘する声もあります。旅行中は、やはり歩き回ることが多いものです。観光客のなかには、高齢者もいれば足の悪い人もいますので、このような配慮は大事でしょう。

さらに、これもよく言われることですが、外国語の案内板もまだまだ少ないと言えます。次の観光名所まではどれくらいの距離なのか、どういうルートで行くのがおすすめなのかなど、外国人観光客の目線に立ったきめ細かいサービスを求める声が多いのです。

たとえば、地下鉄では二条城に一番近い地下鉄出口の表記もなければ、どうすれば二条城に行けるかも案内されていません。何番出口から出たら、まっすぐに行って、何メートル先を曲がるのか。日本人ならなんとなく地図を見ればわかることかもしれませんが、異国を観光する外国人観光客にとっては、非常にハードルが高くなっています。地元の人には案内は必要ないでしょうが、観光立国を目指すなら、こういった点にも注意してクチコミを改善する必要があるでしょう。

最近、京都で文化財をめぐるバスが運行し始めましたが、これも同じです。バス停の場所は非常にわかりづらく、ほとんど告知もしていないので、外国人観光客にとってはとても使い勝手が悪いのです。こういう問題を解決するには、まずは自分が異国に行ったときのことを思い浮かべる、つまり相手の立場に立って、頭を使ってどうすれば便利になるかを考えていくしかありません。それこそが観光におけるロジスティクスなのです。

その他、特に桜の時期などには、事前にインターネットで予約するサービスや、追加料金を支払うことで優先的に入場できるファストパスのようなサービスを求める声もあります。

このように「客」である外国人たちの声に真摯に耳を傾けていけば、交通、インフラなどで改善すべきさまざまな点が見えてきます。それはもちろん、国ごとによって異なる旅の楽しみ、つまりコンテンツにも及んできます。

そこで次章からは、マーケティングを実行したことで、今の日本の観光にどのようなコンテンツが必要なのか、そのコンテンツを誰に、どのような形で訴求していけばいいのかということを考えていきたいと思います。

第6章
観光立国のためのコンテンツ

コンテンツの「多様性」

ここまで、日本が「観光立国」を目指していくうえで、いったい何が足りないのか、なぜ外国人観光客が極端に少ないのかということを、みなさんと一緒に考えてきました。

日本が観光において後進国であるという厳しい指摘をしましたが、これは裏を返せば、まだ伸び代があるということです。そのために必要なのは、何の科学的根拠もない「おもてなしの心」などといった抽象的な精神論ではありません。旅行者を「外国人観光客」としてひとくくりにせず、それぞれの国別に何を求めているのか、さらにその国のなかでも細かくセグメンテーションを行なう緻密なマーケティングが必要だということを述べてきました。

かなりハイレベルな要求をしている印象もあるかもしれませんが、そこまで難しいことではなく、基本はただ1つ、外国人たちが楽しめる、充実した旅を提供するということです。彼らが何を求めて日本にやってくるのか、何を物足りないと思って日本観光を選んでいないのか。そのような本音を探ることで、日本が観光立国になるために整備しなければならない観光の「コンテンツ」というものが、おのずと浮かび上がってきます。

ただ、これまでお話ししてきたように、観光というのはどれか1つを強化すれば、それで大成功するという単純な話ではありません。外国人観光客といっても国籍や人種、年齢、収入などで嗜好がまったく変わってきます。さまざまなカードを提示できないということは、間口を狭めていることなので、一部のマニア的な観光客は増えても、全体的な観光客数、観光収入の底上げにはなりません。つまり、「観光大国」にはなれないのです。

そこで重要になってくるキーワードが「多様性」(ダイバーシティ)という考え方です。ひと口に日本にやってくる中国人観光客といっても、デパートで高級ブランドを「爆買」する層もいれば、マツモトキヨシなどのドラッグストアで化粧品を「爆買」する層も、ダイソーなどの100円ショップを楽しむ人もいます。1つの国ですらこのように細分化されるのですから、国籍や人種によってさまざまな違いがあるのは当然です。その「多様性」を認識したうえで、観光コンテンツも細分化させていくのです。

アニメが好きな外国人もいれば、歌舞伎を見たい外国人もいる。こういうものにはあまり興味はないが、とにかく日本の食文化に興味があるという外国人もいる。電化製品を買うのが目的の外国人もいれば、せっかく日本にきたからには京都で着物を着てみたり、日本情緒あふれる祇園で遊んでみたいという外国人もいるでしょう。このような「幅」のあるコンテンツ整備が必要なのです。

従来の日本の観光立国をめぐる議論を聞いていると、「外国人を呼ぶためにはこれをすべきだ」というような、シンプルアンサーを求めている声が非常に多いという印象を受けています。前にも申し上げたように、観光立国には「も」という考え方が非常に大切です。「あれもやるし、これもやる、できればそれもやる」というくらい、やるべきことが山積しています。シンプルアンサーを求める思考から「外国人を呼ぶためには、いろいろやるべき」という考え方にシフトしなければいけないのです。

ホテルの「コンテンツ」とは

ダイバーシティは近年、日本でもその必要性が訴えられてきています。観光という分野においても同様で、かなり幅広い外国人観光客に対応したコンテンツを有しているという印象もあるかもしれませんが、残念ながら日本の観光コンテンツは、「多様性」という点ではかなり乏しいと言わざるをえません。

それを象徴するのが、ホテルです。当たり前ですが、ホテルというのは旅人にとって重要な拠点であり、ホテルの多様性が担保されていない国には、多様性をもった外国人観光客が訪れることはできません。つまり、観光大国になるうえで、ホテルというのは非常に大きな役割を占めています。アメリカのデータでは、観光客の支出のなかで、ホテルの占める割合は総額の26・

9%にも達しています。

そのような視点で日本を見てみるとどうでしょう。高級ホテルからビジネスホテル、カプセルホテル、さらには海外のバックパッカーたちが利用するような東京・山谷の簡易宿泊所まで幅広く整備されているじゃないかと思うかもしれませんが、まずは現実を見ていきましょう。

たとえば、左をご覧ください。これは世界最大手のグローバルな宿泊予約サービスであるHotels.comが発表した、2013年夏休み期間（7～8月）の訪日客の、東京・大阪・京都における人気ホテルトップ10です。

【東京・訪日客人気ホテルトップ10】

第1位　ホテルサンルートプラザ新宿
第2位　品川プリンスホテル
第3位　新宿プリンスホテル
第4位　イーホテル東新宿
第5位　渋谷エクセルホテル東急
第6位　ホテルサンルート東新宿
第7位　センチュリーサザンタワーホテル

第8位　新宿ワシントンホテル
第9位　新宿区役所前カプセルホテル
第10位　ザ・プリンス パークタワー東京

【大阪・訪日客人気ホテルトップ10】
第1位　ベストウェスタンホテルフィーノ大阪心斎橋
第2位　ホテルモントレ グラスミア大阪
第3位　スイスホテル南海大阪
第4位　大阪フローラルイン難波
第5位　ハートンホテル心斎橋
第6位　ハートンホテル西梅田
第7位　チサン イン 大阪本町
第8位　ホテルモントレ大阪
第9位　新大阪サニーストンホテル
第10位　ホテルビスタグランデ大阪

【京都・訪日客人気ホテルトップ10】
第1位　京都ロイヤルホテル&スパ
第2位　ホテルモントレ京都
第3位　ホテル京阪 京都
第4位　ハートンホテル京都
第5位　ホテルマイステイズ京都四条
第6位　ホテルグランヴィア京都
第7位　ホテル ヴィラフォンテーヌ ヴィラージュ京都
第8位　新・都ホテル
第9位　ホテル法華クラブ京都
第10位　アルモントホテル京都

Hotels.comを通した世界からの訪日旅行者の宿泊実績で選出したものだそうですが、この結果を見て、私は愕然としました。まず驚いたのが、ほとんどが同じような地域のホテルだということです。東京の場合、カプセルホテルという日本ならではのユニークな低価格ホテルも入っていますが、上位10軒のうち7軒が新宿にある同じようなホテルですし、大阪は心斎橋・難波周辺、京都では繁華街の四条周辺か京都駅周辺のホテルです。新宿や難波などの繁華街に近いというメリット、交通アクセスのよさなどから人気なのでしょうが、観光としてはあまりにも「幅」が狭すぎます。

しかし、この事実よりもショックだったのは、ここにランクインしているホテルのほとんどが同じような価格帯だということです。ご覧になってわかるように、ここに名前が出ているホテルの多くは、日本のサラリーマンのみなさんが出張などでもよく使うようなビジネスホテル、あるいはそれよりもちょっと上のシティホテルという感じではないでしょうか。目玉が飛び出るような超高級ホテルや老舗旅館、さまざまなアクティビティも楽しめるリゾートホテルがないのです。遠路はるばる、日本文化や神社仏閣などを楽しみにしてやってきた外国人観光客が泊まるホテルと、国内のビジネスマンが泊まるホテルがほぼ丸かぶりしているというこの事実には、正直、驚きを禁じえません。

このようにサービスが均一化している、コモディティ化しているというのは、日本社会の1つの特徴であり、外国人から見ると非常に独特に映ります。

もちろん、このデータの見方ということでは、いくつか留意すべきポイントがあります。まずネットサーフィンして格安なホテルを探しているわけですから、当然、格安のホテルに集中する傾向が考えられます。

ただ、海外ではここまでの偏りは確認されていないので、それだけでこのデータが無意味だというのはかなり困難です。おそらくそれよりも現在、日本を訪れている外国人観光客の行動を反映したものであると考えたほうがいいでしょう。ショッピングや食事が目当てであり、相対的に収入が低いアジアからの観光客が多いので、結果としてこのようなビジネスホテル、シティホテルに集中していると考えるべきではないでしょうか。

高級ホテルが不足している

たしかにバブル崩壊後、都心にもリッツ・カールトンやハイアットといった外資系ホテルが増えてきました。しかし、アニメショップに出かけたり、100円ショップや家電量販店をめぐることを目的とする人たちに対応するビジネスホテルやシティホテルと比較すれば、特に地方においては、まだまだ数が少ないのが現状です。さらに私が圧倒的に欠けていると感じるのは、富裕層向けのホテルです。仮に価格帯の全体の幅を100とすると、0～40くらいまでのホテルしか整備されておらず、観光に対して多くのお金を費やす層はフォローできていないように思えるのです。

日本には多くの中国人富裕層が訪れているという報道もあるし、東京や大阪にはそれなりの

「高級ホテル」もあるという反論もあるかもしれませんが、実はすでにその認識からして違っています。日本の「高級ホテル」というのは、世界の富裕層から見れば「高級」ではないという現実があるのです。

たとえば、日本の会社が経営している高級ホテルとして、かつては「御三家」の1つとして数えられたホテルニューオータニを見てみましょう。このホテルのプレジデンシャル・スイートは、1泊30万円です。日本でもっとも歴史があり、格式が高いと言われる帝国ホテルの最高級スイートも、だいたい同じくらいです。

とても庶民には手が出ないじゃないかと思うかもしれませんが、世界で「富裕層」と呼ばれる人たちは、このようなホテルには絶対に泊まりません。ニューオータニや帝国ホテルのサービスが悪いとか、そういう話ではありません。単純に価格が安すぎるのです。たとえば、2015年1月のCondé Nast Traveler誌には、世界のセレブたちに支持される高級ホテルの名前と1泊の宿泊費が出ています。左をご覧ください。

Hotel President Wilson, Switzerland　6万5000～8万米ドル
Lagonissi Resort, Greece　4万7000米ドル
Four Seasons New York　4万5000米ドル

Raj Palace, Jaipur, India　4万米ドル

これは決して極端なケースを提示しているわけではありません。世界では高級ホテルというのは、1泊400万〜900万円という価格帯のところを呼ぶのです。海外旅行といえば、このようなところを定宿としている超富裕層が日本にやってきたら、どうすればいいでしょうか。最近では、フォーシーズンズやリッツ・カールトン、ペニンシュラなどが進出してきたので、何とか宿泊はできるかもしれませんが、「日本のホテル」や「旅館」にはまず泊まることはないのではないでしょうか。そして彼らはきっと思うでしょう。日本というのは、なんと富裕層にお金を使わせてもらえない国なのか、と。

1億3000万人弱の日本人を相手にしているのであれば、そのような超高級ホテルの運営は成り立ちません。それは日本人に経済力がないということではありません。ただ1年365日、毎日1泊900万円の部屋が埋まるマーケットとして、1億3000万人では少なすぎるというだけです。しかし、世界を市場として考えてみるとどうでしょう。72億人もいるなかには当然、多くの富裕層が存在しており、渡航先で湯水のごとくお金を使う人々がいるのです。

そんな一部の特殊な人のことなど気にしていたらきりがないと思うかもしれませんが、そんなことはありません。世界には1泊数百万円のホテルしか利用しないという「超富裕層」が、た

しかに存在しているのです。

2015年3月10日、イギリス不動産コンサルタント大手のナイト・フランクが、2015年版の「ウェルス・レポート」を発表しました。そのレポートによると、金融資産30億円以上を所有する超富裕層が、全世界では17万2850人もいるというのです。世界の人口の0・002%というわずかな人たちではありますが、たしかに存在しているのです。しかもナイト・フランクは2024年までに、この数は34%増加すると試算しています。

そのため、各国は観光立国をすすめるうえで、この「超富裕層」を取り込む戦略に邁進しているのです。たしかにちょっと考えればわかります。1泊1万円のホテルに泊まる観光客を500人呼ぶことも大切ですが、1泊500万円の超高級ホテルに泊まるセレブを2人呼べば、それだけで観光収入がぐんと上がりますので、「超富裕層」も重要になってくるのです。先にも申し上げたように、「観光立国」というのは通常、観光客数ではなく観光収入が目安になります。つまり、観光をビジネスとして考えれば、どれだけ多くの人にきてもらうかということだけではなく、いかに「上客」にきてもらうかも勝負なのです。

ただ、残念ながら、日本はそのような超富裕層獲得競争のリングにすら上がっていません。ホテルが整備されていないのはもちろんのこと、ヨーロッパからの観光客をとりこぼしていることも大きいのです。

先のナイト・フランクの試算では、超富裕層を地域別に見ると、ヨーロッパがもっとも多くて6万5665人（全体の35％）、次が北米の4万4922人（同26％）、3位がアジアで4万2272人（同24％）となっており、この3地域で世界の85％を占めています。日本の観光客はアジアがメインですので、これらの地域の超富裕層はわずかながら訪れているかもしれませんが、これまで述べたようにアメリカとヨーロッパからの観光客が少ないため、かなりの超富裕層をとりこぼしている可能性が高いのです。

徐々に整備されつつある高級ホテル

ただ、「きていない」ということを前向きに考えれば、世界中の観光地をめぐっている超富裕層たちにとっては、日本はまだまだ新鮮な観光地だということでもあります。これから、ホテルをはじめ超富裕層がやってきてお金を落とせる場所をしっかりと整備すればいい。つまり、大きなビジネスチャンスだととらえればいいのです。

実際にそのような好機をとらえる動きも見えてきました。2006年にハイアットリージェンシー京都が開業した後、高級ホテルの進出は見られなかった京都ですが、2014年2月にはザ・リッツ・カールトン京都が開業。富裕層の取り込みを狙っているほか、2015年にはフォーシーズンズ・ホテルズ・アンド・リゾーツが京都市東山区に進出する予定です。国内勢も2014年2月には星野リゾートが手掛ける「星のや京都」がリニューアルオープンして、富裕層路線をすすめていますが、まだまだ国内のホテルで「超富裕層」までフォローできるような設備や価格設定をしているところはありません。

ぜひとも、観光戦略には「多様性」をもっていただきたいと思います。もちろん、超富裕層のためにホテルを用意しさえすればいいと言っているわけではありません。安いところから高いところまで、階段のように途切れるところのないホテルの多様性を強調したいのです。

整備すれば超富裕層はやってくる

このような主張をすると、「日本が国際観光地として成熟していき、超富裕層たちが日本にきてくれるようになれば、自然に超高級ホテルは整備されていく。まだきてもいないのに整備するのは時期尚早だ」という反論をする方がいますが、これは誤りだということを付け加えさせていただきます。

先に何度かお話ししていますが、外国人観光客には「選択」の自由があります。世界中のさまざまな観光地と比較して、行きたいと思わせるような魅力があれば日本を選びますし、なければやってこないというだけの話なのです。これは超富裕層にもあてはまります。自分たちが利用できるような超高級ホテルが整備されて、自分たちの消費に見合う場所があればやってきますし、そうした場所がなければいつまでたっても日本には旅行しないというだけの話なのです。

超富裕層が日本にやってくるのを見計らってから、超高級ホテルをつくったり、セレブを対象としたコンテンツやサービスを整備したりという「待ち」の発想では、いつまでたっても超富裕層はやってきません。自分たちですすんで超富裕層を受け入れるためのホテルをつくり、彼らが満足するような多様性のある観光サービスを整備しなくてはいけないのです。

幸いなことに、世界中でオープンする超高級ホテルを紹介する超富裕層向けの雑誌などがいくつもあります。このようなメディアをフル活用して、日本にはお金を落とすに値するホテルやサービスがあるということを、アピールするべきです。

これは雑談ですが、来日当初、私が驚いたのは、日本における住宅の「内装」です。これまで25年間日本で暮らしてきて、仕事やプライベートで多くの日本人のお宅にお邪魔をさせていただきましたが、だいたいどこの家も壁が白、グレー、ベージュ。たまに薄い縞模様を見かけることもありますが、それもたいして雰囲気の違いはありません。

外国人、特にイギリス人からすれば、これは衝撃です。イギリス人というのは建物にこだわりますが、それ以上にこだわるのが内装、インテリアです。そのなかで壁紙というのは、客を迎えるためにも、そこで自分たちが生活をするためにもきわめて大事なものなので、さまざまな種類が用意されています。たとえば王室御用達のサンダーソンという壁紙の老舗メーカーは、976種類の壁紙を用意しています。もちろん特注も可能なので、ラインナップは無限にあると言っていいでしょう。

イギリス人の家を訪れると、その家ならではというさまざまな壁紙を見ることができます。奥さんたちは気分によって壁紙を頻繁に張り替えますから、壁紙の専門家や、内装デザイナーも多く存在しています。つまり、家の壁1つとっても「多様性」があるので、市場やサービスにも「幅」が生まれているのです。

サービスに「差」をつける

多様性が市場やサービスを活性化させるということで、さらに一例を挙げれば、観光地や交通機関にVIPや富裕層向けの優遇措置を設けていくということも必要になってくるのではないでしょうか。日本の観光産業は、よくも悪くも客を一律に扱っていますが、これはビジネスとしてとらえると、儲かるやり方ではありません。

私が暮らす京都は、花見のシーズンとなると多くの観光客が訪れて大混雑します。東山でも嵐山でも車は大渋滞で、有名なスポットは列をなしてノロノロと歩いてやっと見られればまだましなほう。酷い場合は、入場規制もかかります。このような状況のなかで、富裕層に日本の花見をアピールできるでしょうか。1泊500万円のホテルに宿泊できるような人たちに、「これが日本のルールですから、この大行列の最後尾に加わってください」と説明して、どれだけの人が素直に従うでしょうか。

当然のことながら、サービスを選ぶ主導権は「客」にあるのです。どんなに日本の花見が素晴らしいという評判があっても、満足できるサービスが受けられないのなら、足が遠のくのは当然でしょう。そう考えると、花見という観光コンテンツを世界に売るためには、このような多様性に応えられるような環境を整備しなくてはいけません。私としては、たとえば「VIP専用レーン」をつくることなどが重要だと思っています。

お金を多く費やす人は、行列にも渋滞にも巻き込まれることなくスムーズに見学ができる。観光客の喧噪から離れた場所で、ゆっくりと桜を愛でられるようなVIP席をつくってもいいかもしれません。時間の節約と快適さを手に入れる代わりに、それに見合う対価を払ってもらうのです。もちろん、その対価を払わないお客さんを締め出すのではなく、それなりの対価を払ってくれる人たちには、それなりに桜が鑑賞できるようにするのです。花見の魅力を英語に訳したホームページをつくるとか、プロモーションビデオをつくるとかいう「制作物」の前に、サービスに「差」をつくることのほうが、より高い効果が望めると考えています。

たとえば、世界中から観光客が訪れるバチカンを見てみましょう。バチカンには無料で入ることができますが、かなりの長蛇の列に並ばないといけません。それを避けたいと思ったら、有料の「予約サービス」を利用します。といっても、これにもさまざまな幅があり、日本円にして、4500円、7600円、8000円、1万2700円となっています。高い料金を払ったほうがより快適に、スピーディにバチカン観光ができることは言うまでもありません。また、2015年のミラノ万博を調べたところ、なんと41種類ものチケットがありました。一番安いチケットが約670円、一番高いチケットは2万5500円でした。その間に、階段のようにさまざまな価格のチケットが設定されていたのが、印象的でした。

観光客を支払う料金でランクづけするということに抵抗を覚える人も多いかもしれませんが、これは差別ではなく、「多様性」を受け入れているということなのです。お金をたくさん払える人にはそれに見合う優遇をして、お金をあまり払えない人にもそれなりに満足のいくサービスを提供する。このような「多様性」を供給者側が自ら設定することで、よりバラエティに富んだ客がそれぞれに楽しめる機会を提供することができます。観光収益も上がるので、結果として観光地としての質も向上していくことになるのです。

このような「サービスの差」をつけることが全体の底上げになるというのは、飛行機におけるビジネスクラス理論としてよく知られています。今でこそ世界中の航空会社が採用しているビジネスクラスやファーストクラスですが、かつての飛行機にはエコノミー席しかありませんでした。そこで、ビジネスクラスという優遇席を設けようとしたところ、さまざまな反対意見が噴出したのです。

客を差別するとは何事だという否定的な声はもちろん、同じ目的地に同じ時間に到着するのに、エコノミーよりかなり高い座席を選ぶ物好きがどれだけいるのかという懐疑的な声、さらには航空会社がそのような「商業主義」になってしまったら安全性がないがしろになってしまうのではないかと心配をする声もありました。

しかし、実際にビジネスクラスが導入されると、これらの声がすべて杞憂だったということが証明されました。自腹で乗るのならエコノミーという人たちも、商用で飛行機を利用するときは会社の経費なのでビジネスクラスをこぞって選択し、大盛況になりました。すべてエコノミー席だった時代、収益低下に苦しんでいた航空会社の経営状態も改善されたことで、安全性も格段に向上したのです。ビジネスクラスが導入されてから、航空機事故は明らかに激減しました。

また、このような「多様性」は、飲食業界では当たり前です。1皿100円の「回転寿司」

もあれば、座るだけで数万円という高級寿司店もあります。また、幕の内弁当を店頭で販売するお弁当屋さんもあれば、懐石料理をふるまう高級料亭もある。さらには、海外の高級フレンチのようなものも楽しめます。日本の飲食業は非常に「多様性」に富んでいると言っていいでしょう。

このような「格差」は客を差別しているわけではなく、あらゆるお客さんのニーズに細かくターゲティングして、応えていこうという姿勢のあらわれです。このような考え方を観光産業全体でも導入すべきではないでしょうかということを申し上げているのです。

複合リゾートの必要性

「多様性」をもつことで観光産業全体を底上げするということで言えば、まだまだ多くの可能性を秘めている分野があります。それはリゾートです。

第2章で述べたように、日本は「気候」「自然」「文化」「食事」という、観光立国における4つの条件を兼ね備えている、世界でも稀な国です。なかでも「気候」と「自然」の多様性という点では、非常に多くの強みをもっています。北海道のようなウィンタースポーツを楽しめる地もあれば、山も多い。一方で美しい海に囲まれた沖縄のような場所もある。このような気候や自然の「多様性」があるということは、多くの外国人観光客を迎え入れることのできる「多様性」をもっているということです。

しかし残念なことに、これだけの観光資源をもちながら、それを活かしているのかといえば、大いに疑問です。たとえば、沖縄の離島にあるような手つかずのビーチも、それはそれで素晴らしいと思うのですが、一方で観光地としてしっかりと整備されたビーチ、つまりは外国人がやってきても楽しめるバリやプーケットのようなビーチリゾートが、日本にどれだけあるでしょうか。

ビーチに行く人にはさまざまな目的があります。海水浴に興じたい人、マリンスポーツを楽しみたい人、日焼けをしたい人、子どもと水遊びをしたい人、読書などをしてリラックスしたい人、お酒を飲みたい人、海を眺めながら優雅に食事したい人、海に飽きたらショッピングやナイトライフを楽しみたい人……このようなニーズにすべて応えるのが、ビーチリゾートなのです。

実際にプーケットで多くの外国人が訪れるパトンビーチは、パラセイリングなどのマリンスポーツはもちろん、バーやナイトクラブも充実しています。大型ショッピングセンターもありますし、ホテルもあります。この1カ所ですべてが完結するようになっているのです。このような複合的なビーチリゾートは、残念ながら日本にはありません。

図表6-1をご覧ください。これは世界で人気のビーチリゾートとして名前の知られていると

図表6-1　世界の代表的なビーチリゾート

名称	国名
ムリアホテル	インドネシア
サザンオーシャンロッジ（カンガルー島）	オーストラリア
バイスロイリビエラマヤ	メキシコ
クオリア	オーストラリア
ジェードマウンテンリゾート	セントルシア
セントレジス	メキシコ
グアナアイランド	イギリス領バージン諸島
フォーシーズンズランカウイ	マレーシア
パームアイランド	セントビンセント及びグレナディーン諸島
カーテン ブラフ	アンティグア・バーブーダ

ころです。お気づきかと思いますが、日本のビーチが1つもありません。日本には離島がたくさんあります。沖縄はもちろん、本州にも和歌山や瀬戸内海、伊豆など、つくろうと思えばいくらでも立派なビーチリゾートをつくれる場所はあります。もちろん、ビーチリゾートをつくるなら、環境にも十分配慮して、美しくつくる必要があることは言うまでもありません。

しかし、日本ではホテルやプレイスポット、アクティビティスポットがバラバラに点在しています。そもそも沖縄以外の本州でおなじみの「海の家」というビーチハウスは海開きの時期にしかオープンしていませんし、しかも完全に日本人向けのサービスになっています。このような状況のなかで外国人観光客に日本のビーチを楽しめというのは、かなりの無理難題ではないでしょうか。

要するに、日本にはビーチがたくさんあるのですが、ビーチリゾートが存在しないというのが問題なのです。

そのような意味では、スキーも同じです。近年、オーストラリア、ニュージーランド、台湾、シンガポールから北海道や長野などのスキー場に多くの外国人観光客が訪れているという報道がありますが、これらが「スキーリゾート」なのかといえば、まだまだと言わざるをえません。

たしかにリフト券や案内板が英語になった、レストランのメニューが英語になったなど、いろいろ小さな変化は出てきているようですが、圧倒的に足りないのは「多様性」という点です。たとえば、レストランもそうです。

日本のスキー場といえば、長蛇の列に並んだ末にようやくラーメンやカレー、ピザなどの軽食しかとれません。これではフランスやカナダのスキーリゾートに慣れている富裕層は納得いきません。雄大な自然をのぞみながら高級な食事を楽しめるラグジュアリー感のあるレストランは必要でしょうし、スキーが終わった後にお酒を楽しめるようなラウンジも必要でしょう。

そして何よりも日本のスキー場に欠けているのは、ナイタースキーです。スキーでもスノーボードでも、やはり好きな人はできるだけ長く楽しみたいものです。昼だけでは満足できず、夜も滑りたいという人も多いはずですが、これに日本のスキー場はどれだけ応えているでしょうか。もちろん、なかには花火を打ち上げたり、幻想的なライトアップをして集客に結びつけていたりしているスキー場もありますが、多くは17時頃になると、「螢の光」のような寂しい曲がどこからともなく流れてきて、営業終了となってしまいます。

では、その後にレストランでの食事やショーなど、ナイトライフが楽しめるような施設が併設されているのかといえば、そうでもありません。つまり、お金を落とす場所がないのです。

本来、リゾートというのは、さまざまなニーズに応えるという「多様性」を受け入れることで、多くの外国人観光客が訪れて、多くのお金を落とすという場所でなくてはなりません。「多様性」に欠ける日本のスキー場は、残念ながらまだまだリゾートと呼べないところが多いのです。

ニセコは「多様性」で成功した

もちろん、その一方で「多様性」を受け入れることで着々とリゾートとしての地位を固めているスキー場もあります。その代表がオーストラリア、ニュージーランドから多くの観光客が訪れることで、「リトル・オーストラリア」などと呼ばれるほど賑わっている、ニセコのスキー場です。

ニセコのスキー場のほとんどはライトアップスキーに対応しているほか、ナイトライフも充実しています。バーやクラブ、さらには日本料理や寿司以外にもイタリア、中華などさまざまな国の食も揃えています。最近は長期滞在者用の別荘やサービスアパート、コンドミニアムもかなり充実してきているということですから、ニセコはもはや「待ち」の姿勢を脱し、自ら積極的に外国人たちがお金を落とす場所をつくっていることがうかがえます。

その積極的な姿勢を象徴するのが、ニセコの春、夏、秋の目玉になりつつあるラフティングです。スキーリゾートとしての地位を確立しつつあるニセコですので、当然、雪のないシーズンは外国人観光客などこないだろうと思うかもしれませんが、ニセコの豊かな自然のなかでラフティングなどのアウトドアを楽しむ外国人観光客も増えてきているというのです。

このラフティングを仕掛けたのが1990年に来日し、1992年からニセコに移住したオーストラリア人のロス・フィンドレー氏です。NACニセコアドベンチャーセンター代表取締役を務めた彼は、ニセコのラフティングの生みの親とも言うべき人物ですが、ある講演でこれを導入した経緯を語っています。

「ニセコは夏になるとペンションも閉まってやることがない。夏にやることがあったら人が集まるのではないかと考えて、尻別川を下るラフティングを思いついた」(引用元:「北海道リアルエコノミー」)

ニセコの素晴らしい自然にひかれて外国人観光客がやってくるのを「待つ」のではなく、自ら外国人観光客が楽しめ、お金を落とすものをつくり出す。これが、ここで繰り返し述べている「リゾート」というものなのです。そういう意味では、日本は世界的な「リゾート」がつくれる要素はあるのに、それができていないという、非常にもったいない国だと言えるのです。

たとえば、海外では日本のスキー場に関する評価は極端に二極化しています。有名なリゾートは人が多すぎて、外国人観光客が行ってもゆったりと滑れない。それ以外のほとんどは「単なるスキー場」であって、雪質は素晴らしいものの本当にスキーしかやることがないので、1〜2日滞在すれば十分、すぐに飽きてしまうからもったいないという指摘もあるほどです。

富士山にも「多様性」を

このように、せっかくの観光資源をもちながら「多様性」という発想がないばかりに、その魅力を引き出すことができず、外国人観光客も多く訪れていない。そんな宝の持ち腐れになっている観光資源が、日本には非常に多いのです。

その代表が富士山です。

富士山といえば、日本を象徴する山であり、さらに世界遺産にも認定されたことで世界的な知名度もある、非常にメジャーな観光スポットですが、残念ながらそれだけの魅力を引き出せていません。

もちろん過度な開発をすることはできませんが、ビジターセンター、休憩場、登山道、観察する場所などは、もっと整備されてもいいと思います。外国人観光客の評価では、ビジターセンターは原始的で、観光客が楽しむことができる情報が足りないという指摘があります。特に富士山の意味合い、歴史的にどのような位置づけであり、日本人にとってどのような存在なのかというストーリーに関しては、あまりにも情報が少なすぎるという不満の声も上がっています。また、登山道の整備、トイレ、山小屋なども、残念ながらあまり高い評価ではありません。

2013年の山梨県の調査では、県内を訪れた外国人観光客は48万3000人で、前年より も34・5%増えたそうです。観光消費額も3643億円で10%増えたと言われていますが、富士山のもっている魅力や価値を考えれば、そんな程度であるはずがありません。世界中からさまざまな人たちが訪れる「多様性」という視点で問題を洗い出して整備をしていけば、間違いなく日本観光の目玉になるはずです。

静岡県は2015年になってから、日本平に記念碑を建てるなどして眺望のよさを世界中にアピールしていますが、それよりもまずすべきことが山ほどあるのではないでしょうか。

先のロス・フィンドレー氏は、ニセコに対する観光庁や北海道の取り組みについてこのような感想を述べています。

「ニセコの魅力をきちんと掴んでいないのではないか。自分の足に躓いて転んでいる感じがする」

まったく同感です。私は、これはニセコだけの話ではなく、日本全体の観光にあてはまることではないかと思っています。

文化財の整備は「上客」を呼ぶ誘因

このような「多様性」という視点で、観光コンテンツを1つひとつ考えていかなければいけないのですが、ありとあらゆるコンテンツをすべて同時に強化していこうというのもかなり乱暴な話ですし、やはり物事には優先順位というものがあります。戦略的に「観光立国」になっていくためには、まずは早急に手をつけて整備をしなくてはいけないコンテンツ、これからの日本を考えるうえで必要不可欠なコンテンツ、そして中長期的な視野で成長させていくコンテンツなど、さまざまなレイヤーで考えていくことが重要でしょう。

そこで、まずは私が手をつけていくべきではないかと考えている観光コンテンツからお話ししていきましょう。それは「文化財」です。

イタリアやフランスなどと比較したら少ないですが、日本は世界でも、かなり文化財が残っている国です。町を散策すれば、数百年前にできた寺や神社が残っていて、博物館へ行けば昔の人々がどのような暮らしを営んでいたのかがわかる資料が山ほどあります。

日本のみなさんからすると当たり前かもしれませんが、世界的に見れば、権力者が変わると前の政権の文化的な建造物などは破壊されてしまって、文化財がしっかりと残らないケースも多いのです。そのため、「文化財」をもっている国の多くは、それだけで観光立国に有利なのです。もちろん、「多様性」と「お金を落とす」という点からも、これからの日本では文化財がカギの1つになってきます。

現状、日本への観光客は台湾、韓国、中国といったアジア諸国に非常に偏っているということは、前に述べました。これらの国々からの観光客を「さらに多くする」という目標も大切ですが、「まだまだ日本にほとんどきていない」「観光に多くの金を費やす」という2つのポイントから、ヨーロッパ、オセアニアからの観光客を増やすべきだということも自明です。「観光立国」を目指していくうえで、すでにある程度きている国の観光客をさらに増やすよりも、ほとんどきていない国の観光客を増やしたほうが、「伸び代」があるからです。

これらの地域の人々が「文化・歴史」などに関心が強いということは先にも述べましたが、それを裏付けるようなデータがあります。

ＪＴＢ総合研究所が２０１４年に、外国人旅行者に高い人気を誇る日本情報サイト「Japan-guide.com」のユーザーに対してアンケートを行なったところ、非常に興味深い結果が出ています。

「日本でもっとも楽しかった活動」を聞いたところ、「日本文化の体験」（24・9％）、「美しい景観を楽しむ」（15・2％）、「神社やお寺を訪れる」（12・9％）という順番になったのですが、この調査の内訳を見てみると、彼らが文化・歴史に関心が高いということを象徴するような結果が出ています。

まず、トップである「日本文化の体験」を支持しているのは、北アメリカ、ヨーロッパ、オセアニアからの観光客で30％前後となっているのですが、そのなかでもきわだっているのがオセアニアです。一方、アジア地域からの観光客は、10％にも満たないほどの少数派となっています。

次に「美しい景観を楽しむ」を見てみると、アジアの観光客がダントツで、40％近くが楽しかったと回答していますが、今度はアメリカ、ヨーロッパ、オセアニアが10％にも満たない少数派になっているという、「逆転現象」が起きているのです。

そして、「神社やお寺を訪れる」を見てみると、ダントツで多いのはヨーロッパ、オセアニア、アメリカです。アジアの10％以下と比較すると、2倍ほどです。

1つの問題は、このデータは日本にきたことのある人のデータだということです。これまで何度も申し上げているように、日本を訪れる観光客はアジアからがメインで、先進国からの数はわずか200万人くらいですので、統計として偏りがあるということは否定できません。

もちろん、日本文化に関心のあるアジアの観光客もいるでしょうし、景観を楽しむヨーロッパ人もいるでしょう。すべてにあてはまるわけではありませんが、このような数字からそれぞれの地域の観光客が求める「傾向」というものは見えてきます。

具体的には、まずヨーロッパからの観光客は、他の地域の観光客よりも「神社やお寺を訪れる」ことを楽しいと感じているということです。ヨーロッパの観光客が歴史的遺物や文化財に関心が高いということは、海外のさまざまなデータからもよく言われていることですので、これは疑いの余地がないと思います。

次にオーストラリアからの観光客ですが、アメリカ人観光客、ヨーロッパからの観光客と同様に、「日本文化」を体験することを楽しいと感じています。「文化」とひと口に言っても、歌舞伎もあればアニメやマンガも含まれますから一概にこれとは言えませんが、ただ1つはっきりしているのは、アジアの観光客のように「美しい景観」は求めていないということです。

このような結果をふまえると、日本が「観光立国」になるために強化すべき点、つまり現状ではあまりきていないヨーロッパ、オーストラリアからの観光客を増やすために何をすべきかということが、おのずと見えてきます。

それは彼らの関心が高い「日本文化の体験」や「神社仏閣という歴史的資産」をしっかりと整備すること。つまり、文化財を整備するということになります。

もっと文化財を活用すべき

日本の文化財の現状について率直に言わせていただくと、「ただそこにある」というだけです。観光資源にふさわしい修理や整備はおろか、まともに利活用もされていないと言わざるをえません。先ほどの食事のたとえで言えば、日本の文化財は主菜になります。ただ、現状の文化財はまともに調理されていないため、専門家が見ればそのおいしさがわかるとしても、観光客にとっては生の肉や魚を見せられているようなものです。そのおいしさがわからないため、高い評価をくだすこともありえません。これでは、お金を落とす気にはならないでしょう。

これは、私の個人的な感想などではありません。「数字」などのデータが如実に示しています。たとえば、ヨーロッパの観光客が訪れることを楽しみにしている「神社やお寺」を整備する費用を見てみましょう。

まずは、手入れ状態から考えていきます。国宝・重要文化財に対して、建造物の修理費用として国が出している予算は、2014年度で年間81・5億円です。国宝・重要文化財に指定されている建造物は全国に計2428件、4695棟。1件あたり平均336万円、1棟あたりは174万円です。規模にもよりますが、大規模マンションの修繕費のほうが高いくらいではないでしょうか。この1744万円で何ができるのかを考えてみてください。

普段の維持管理なら何とかなるかもしれませんが、たいした保存修理はできません。つまり、この予算から見えるのは、日本の文化財というものがただひたすら放置され、ボロボロに壊れる寸前になってやっと大きな修理をする。それが終わって、40〜50年してまた老朽化がすすんだら、また修理をするということの繰り返しだという現実です。修理と修理の間は、最初の10〜20年はともかく、その後は「わびさび」を完全に超えてしまっています。

もちろん「楽しかった」という感想もあるように、外国人観光客がよく訪れる文化財は手入れが行き届いています。京都でいえば、伏見稲荷大社や金閣寺、銀閣寺という有名な文化財はしっかりしています。ですが、全体を見ると、保存状態が悪くなってしまっている神社のほうが多いのです。特に内装、塗装は緊急を要さないため、優先順位が非常に低くなりがちです。たとえば、ふすま絵はきれいですが、戸の縁の漆塗りがほとんど消えてしまっていたりするなど、粗が目立ちます。また、観光客にとって非常に大切な畳の手入れなどが行き届いていない文化財がほとんどなのです。

さらに言えば、日本の文化財指定は「建物ごと」にしか適応されないので、指定されている文化財は定期的に修復される一方、ほかの建物が放置されていることも珍しくありません。神社であれば、御本殿は補助金をもらって修復されていても、指定されてない拝殿や門、透き塀

図表6-2　日本とイギリスとの比較

	日本	イギリス
保存修理予算	81.5億円（平成26年度）	約500億円
GDP（2013年）	478兆円	259兆円
保存修理予算対GDP比率	0.0017%	0.019%
人口	1億2,712万人（平成26年3月現在）	6,370万人
1人あたりの修理予算	63円	785円
観光客数（2013年）	1,036万人	3,117万人
観光業対GDP比率	2.3%	9%
雇用	187万人	310万人
文化財訪問率	23.5%	80%以上
指定文化財の数	2,428件（4,695棟）	約12,500棟

などはかなり老朽化がすすんでいて、言葉は悪いですが、「みすぼらしい」というケースもあります。

一方、イギリスでは指定文化財に対して、日本円にして年間500億円程度の修理費を国から出しています（図表6-2）。イタリア、ドイツ、フランスというヨーロッパ諸国も、文化財に対しては多くの予算を捻出しています。もちろん、国によってどこまでが文化財のカテゴリに入るのかという基準は異なりますが、1つだけはっきりとしているのは、100億円にも満たない予算などないということです。ケタが1つ違うのです。

あまりにも視点が細かすぎるという印象もあるかもしれませんが、私はそう思いません。みなさんが、たとえばヴェルサイユ宮殿を目的にしてフランス旅行を計画して、いざ現地に行ってみたら調度品の傷みが激しく、いたるところで壁などが崩れていたら、落胆されるのではないでしょうか。それと同じく、日本の繊細な美を楽しみにして訪れる外国人観光客からすれば、これは大きな減点になってしまうのです。

ここにポイントがあります。日本では、文化財を「守る」ことを基準にしていますので、修復は必要最低限で、見栄えは重視されてきませんでした。そのうえ、修復計画を練るのは建築家が中心なので、屋根や工体の修復が中心になります。つまり、日本の文化財行政は保存を主な目的としているために、予算が少ないのです。

一方、海外では、観光にも対応するために頻繁に小修理を繰り返しているため、予算が増える傾向にあります。

文化財には2つの意味がある

そもそも文化財に対するものの考え方の違いから、ヨーロッパだけではなく海外において、「文化財」には2つの意味が存在します。1つは、国民の共通の財産という意味。そしてもう1つは、世界中から観光客を呼ぶことができるコンテンツという位置づけです。つまり、修理などの整備をすることには、国民の財産を守るという意味もありますが、何よりも自国の文化を楽しみにやってきてくれる外国人という「お客さん」に対して、お金を落としてもらう、消費をしてもらうのに見合うだけの価値をつくるという意味もあるのです。

そういう意味では、日本は後者の考え方が弱くて、前者に偏りすぎています。国民の財産として維持をするだけなら最低限の修理で済みますので、80億円の予算が妥当でしょう。繰り返しになりますが、日本人だけのことを考えれば、このような予算、考え方でも、まったく問題はありません。文化財は冷凍保存して後世に残すということのみを目的にするのであれば、それでいいのです。

ただ、外国人観光客を増やしていくという目標があり、そのためにヨーロッパから人々を呼ぼうというのなら、話は違ってきます。日本の文化財に対する考え方をかたくなに守って、それを「客」に押し付けても、うまくいくわけがありません。「客」が自分たちの国で楽しんでいるような文化財に合わせるための「調整」をしなくては、その価値が理解できないまま見学だけするという文化財観光になってしまいます。

たとえば、私の京都の自宅から歩いて5分くらいのところに、二条城があります。私が大好きな文化財です。ご存知のように、二条城の二の丸御殿といえば、1867年に15代将軍の徳川慶喜公が大政奉還を諸大名に伝えた場所です。徳川幕府が実権を握る封建的な社会から、近代国家へ向けて大きく舵を切ることになった、まさに歴史ドラマの舞台になっています。

ところが、この場を訪れる外国人観光客を見ていると、ほとんどは、何やらよくわからないという顔をしてとりあえず写真を撮って、「何か重要な場所なんだな」くらいの感想で素通りしていくのです。

無理もありません。日本のみなさんならば、学校で「大政奉還」くらいは習うでしょうし、なんとなくこの場の重要性がわかります。しかし、海外からやってくる観光客からすれば、単に歴史のある木造建築にすぎません。つまり、そこで行なわれた「歴史ドラマ」が、まったく伝わっていないのです。

事実、世界的な海外旅行クチコミサイト「TripAdvisor」でも、このような書き込みは多いです。「世界遺産というからきてみたけれど、ただの箱だった」「空っぽの部屋を見せられても、何がすごいのかわからない」「もっと二条城が日本の歴史で果たした役割を説明してもらいたかった」「もっと展示がないのは残念」……などなど。残念ながら、英語で書かれている日本の歴史の書籍なども、二条城などの文化財のバックグラウンドについては不十分な情報しか掲載されていないので、日本にやってくる前に勉強することもできません。つまり、ほとんどの外国人観光客は、何がすごいのか、細かいことはよくわからないまま世界遺産見学を終えるという、なんとも後味の悪い二条城観光をしているというわけです。

文化財には説明と展示が不可欠

私は、これが悔しくてしょうがありません。日本の文化財というのは中国人、韓国人にはさほど新鮮味がないのかもしれませんが、私たちのような欧米の人間から見ると、非常にユニークです。様式や歴史の解説から、職人の細かい仕事の話、模様の意味……。これは何も、私が文化財の仕事をしていたり、オックスフォードで「日本学」を専攻したりしたからではありません。詳しく解説を聞けば、ほとんどの欧米人が関心をもつのは間違いないのです。自分がこれまで生きてきたなかで出会った、どの文化とも違うからです。

そしてもう1つ解説の必要性を強調する理由は、日本の文化財はスケールもインパクトも相対的に小さいということです。日本の文化財がたいしたことないと言っているわけではありません。これまで欧米人が見てきた文化財と異なっているということが言いたいのです。

エジプトに行ってピラミッドを見れば、その大きさに衝撃を受けます。中国の万里の長城もそうです。フランスのヴェルサイユ宮殿に行けば、その華麗さに目を見張ります。言葉はいらないと言うと大袈裟ですが、その外観を見るだけで、そのすごさが伝わるものが多いのです。

しかし、日本の文化財には、そのような驚きはあまりありません。もちろん、外国人にも人気の東大寺の大仏など、その大きさに圧倒されるものもありますが、基本的に日本の文化財は、一見すると地味なのに、よくよく聞くと「すごい」というものが多いのです。

これはどういうことかというと、特に日本の文化財には「説明」が必要不可欠ということです。そういう視点で二条城を見ると、「説明」が不十分と言わざるをえません。

たしかに、その大広間には将軍や大名などの人形が並んでいますが、彼らがどのような経緯でここに集まり、ここに座るまでにどのようなドラマがあり、そしてどのような意味でこのような装束を身にまとっていたのか、棚の飾り方をしていたのかなど、詳しい説明がまったくないのです。

これは二条城にかぎりません。日本の神社仏閣に行っても、ほとんどが日本語表記のパンフレットしかなく、たまに英語表記のものがあっても非常に薄く、あまり内容に富んでないのです。建物のなかを拝観しても、そこで何が行なわれ、どのように使われたのか、外国人にはさっぱりわかりません。

たとえば、茶室の場合は「tea-ceremony room」などという英語で説明があるだけで、器も茶釜もなければ、掛け軸や茶花すら置かれていません。これでは、ここでどのように「茶道」というものが行なわれていたのかわかりません。単にその時代の建造物を冷凍保存して公開している、単なる「ハコモノ」になってしまっているのです。

多くの場合、畳は何十年も表替えをしておらず、わびさびを完全に超えています。文化財の茶室の多くはさまざまな特徴があるので、説明をする必要があるというか、そのよさを理解するには説明が必要なのです。

ホームページなどのサポートも、残念な結果になっています。「よくある質問」というQ＆Aを見ても、それは明らかです。「観光ガイドはいますか」という質問に対して、「自由閲覧となっており、ガイドはおりません」。「見学時間はどれくらい必要ですか」という質問には「1時間から1時間30分程度です」と、非常に淡白なのです。「年表」や「お城の基礎知識」がそのまま英訳されていますが、外国人観光客には何が何やらという感じでしょう。

海外では、いまどきこれはありえません。説明がさしていらないインパクトのある文化財でも、その価値を最大限にアピールするために、説明の努力は惜しまないのです。

たとえば、ヴェルサイユ宮殿の公式ホームページを見てみましょう。11カ国語のオーディオガイドがありますし、インタラクティブマップ、イベントカレンダーなど細かい情報が満載で、「見学の参考に」というQ＆Aも充実しています。

さらに、ヴェルサイユ宮殿の見学に最適な日にちや時間帯を、ローシーズン（11〜3月）、ハイシーズン（4〜10月）の曜日ごとのグラフにして掲載しているのです。ちなみにこのホームページでは、1日かけて見学をすることをすすめています。

お金を落としてくれる先進国の観光客の目的の1つは、勉強です。彼らは、旅行先の国について知りたい、教えてもらいたい、体験したいと思っています。刺激がほしいのです。また、人間による再現、イベント解説などは、海外の観光地では一般的ですから、当然、日本にもそれを期待しています。そうであれば、空っぽな部屋を見ても満足するはずはありません。何かを展示して、勉強してもらう必要があります。

この大きなギャップをふまえて、先ほどのJTB総合研究所の調査を思い出してください。ヨーロッパ人の20％が日本の有名な神社や寺を訪れて「楽しかった」と答えていて、他のエリアよりも多いと述べましたが、これは意地悪な見方をすれば「20％しかいない」ということでもあります。さらに、これはもしかしたらリップサービスもあるのではないかと思います。

なぜかというと、自国ではしっかりと整備されている文化財を堪能しているヨーロッパ人からすれば、日本の文化財はあまりにも整備されていないし、観光客にとって不親切なので、落胆していることのほうが多いからです。

これでは、遠路はるばる日本にやってきた外国人観光客は満足しないのではないでしょうか。しかも、日本の歴史や文化に興味があって、それを感じることができると期待に胸を膨らませて京都にやってきた外国人からすれば、その落胆ぶりは容易に想像できます。事実、それを示すようなデータもあります。

日本政府観光局（ＪＮＴＯ）が「訪日外客実態調査」（２００６―２００７）で、訪日前後の日本の肯定的なイメージを比較したところ、訪日後に大きくイメージが下がったものが３つありました。１つは「産業・工業用品の好イメージ」で１・５％ダウン、２つ目が「生活水準が高い」というもので２・２％ダウン、そして最後が「文化と歴史が素晴らしい」というもので１・３％ダウンしています。

これは、単に日本側が、その素晴らしさをうまく外国人に説明できていなかったために、イメージしていたよりも実際の文化や歴史がたいしたことないと感じたからではないかと思っています。

日本人にも魅力を伝えきれていない

なぜそう思うのかというと、日本の文化財は、自国の人間にもその魅力がうまく伝わっていないという現状があるからです。

あるとき、京都のお寺を見学していたら、近くの若者たちが歩きスマホをしながら見学している場面に遭遇しました。わざわざ高い入館料を払いながら、なんてもったいないと思いましたが、よくよく見てみると、その若者たちは、その文化財についての詳しい説明を、ネットで検索していたのです。

これは本当にもったいないことだと感じました。文化財を見にきた客に、ネットを利用させることで、文化財そのものではなくネットの企業を儲けさせているわけですから。

そもそも、文化財もテーマパークと同じで、対価に値するサービスを提供しなくてはいけません。なぜそこに建てたのか、なぜそのような形になったのかということを、わかりやすく、かつ面白く来観者に説明する必要があります。北海道の旭山動物園が「行動展示」で成功をおさめましたが、文化財こそ、人間ドラマの「行動展示」をしなくてはいけないのです。

もちろん、稼ぐという点から見て、頑張っている文化財もあります。2014年に1000万人以上が訪れた伊勢神宮は、外宮に「せんぐう館」を創設し、社殿や宝物がどういうプロセスで造られたかをレプリカで説明するなどしています。せんぐう館の評価は高く、実際に観光客が増加しています。ですが、ほとんどの文化財はここまでのサービス精神はありません。「なかに入れてやるから勝手に見学してお帰りください」というふうに見えてしまうのです。

実際に多くの外国人観光客は、入口で拝観料を払って、記念写真を1枚撮って帰るだけというのが定番になってしまっています。文化財やその周辺に滞在している時間は、1時間もありません。これで、どこにお金が落ちる要素があるでしょうか。そのようなビジネス的な損失はもちろん、日本の文化財の素晴らしさをわかっていただくという点においても、なんとも浅い、残念な結果になってしまっていると言えるのではないでしょうか。文化財観光のビジネスモデルが、団体バスで訪れた大量の客を効率よくさばくという、かつての旅館のビジネスモデルと同じになってしまっているのです。

最近、修理が終わって再オープンしたお城があります。クチコミも出始めていますが、残念ながらかなりマイナスの評価が多いようです。

実は、以前は天守閣にさまざまな展示があったのに、修理を機に展示を止めてしまったのです。外国人観光客は、庭がきれい、お城がきれいという評価はしていますが、天守閣に関しては「空っぽのツーリスト・トラップだ」「単に急な階段を登らされただけ」「上まで登ってごちゃごちゃした街並みを見る価値はない」「外観だけ見ればよく、中に入る意味はない」など、かなり厳しく評価しています。

おそらく、天守閣の内部構造を見てほしいという理由で展示をなくしたのだとは思いますが、やはり建築家の発想でしょう。観光客の中にも建築家はいるでしょうから、その人たちは喜ぶかもしれませんが、少数派にすぎません。

これも、「も」に反する動きで、たいへんもったいないと感じます。一部でも展示を復活させたほうが、より多くの人に楽しんでもらえるはずです。

本書ではこれまで、日本では外国人観光客1人あたりの落とす金額が少ないということを指摘してきましたが、これは日本に潜在的な魅力がないからだとか、よさがわかってもらえないからだとかいった問題ではなく、根底にあるのは、日本がお金を落とさせるようなサービスを提供していないからなのです。サービスをしていなければ、高い対価がもらえないのは当然でしょう。

このような構造は、日本の観光誘致で今やなくてはならないものになった「ゆるキャラ」にも見られます。奈良の「せんとくん」や彦根の「ひこにゃん」などは、子どもたちは喜ぶかもしれません。しかし、外国人観光客からすれば、逆に興ざめしてしまうような「子どもだまし」の観光ＰＲという印象を抱いてしまうかもしれません。当然、お金を落とすこともありません。

ガイドの重要性

話をまとめましょう。日本の文化財は海外のものに比べるとかなり地味で、パッと見だけでは何がすごいのか理解できないという現実があります。その奥ゆかしさを理解してもらうため、「説明」が必要不可欠なのですが、外国人向けの「説明」があまりされていないのです。

そこですべきは、まずはガイドの充実です。

ただ、ガイドとひと口に言っても、それこそ多種多様です。無料で配布するわりと薄いガイドブックから、音声端末を使ったガイド、人間によるガイドもあります。文章が多くて情報に富んだガイドブックも、海外では一般的です。展示のなかでパネルなどを用いてガイドを行なうという方法もあるでしょう。

この展示というのはかなり難しく、単に歴史、調度品、時代の変化などの説明があればいいというものではありません。外国人が日本に訪れる目的の1つは、日本に関して「知識」を得ることです。そういう意味では、文化財は日本文化、芸能の知識を得る場所であることはもちろん、体験する、体感するための場でもあります。

たとえば、お城もそうです。「矢倉」のなかを見てもただ空っぽで、パネルで「敵を偵察するための場所」などとガイドをするだけでは不十分です。実際にどう使われていたのか、当時どのような景色が見えたのかを、CGやイラストなどのビジュアルでガイドをするほうが、より効果的です。城という文化財を舞台にして、日本の歴史だけではなく、着物の時代変化、公家文化と武家文化の違い、サムライの生活習慣、庶民の暮らしぶりなど、日本文化の幅広さや奥深さを発信することが可能なのです。

多言語対応

このように、ガイドにもいろいろありますが、ガイドに必要な言語も多岐にわたっています。英語や中国語だけではなく、フランス語、ドイツ語、イタリア語、韓国語、台湾語、タイ語、ロシア語などさまざまです。

日本でも最近、観光地などで外国人留学生のボランティアが、多言語ガイドを引き受けているケースなどが報道されています。また、伊勢神宮の「せんぐう館」では、外国人観光客に無料でペン型の多言語端末を貸し出すなど、多言語対応に積極的に乗り出しています。これは英語、中国語、韓国語、台湾語に対応したもので、マップをペンで指すと解説がイヤホンで聞けます。外国人観光客から好評だそうです。

ただ、やはりまだまだと言わざるをえない部分もあります。観光庁がホームページ上で「訪日外国人旅行者向けにボランティアガイドの紹介」というコーナーをつくっています。地域別、言語別に検索すれば、それに合うボランティアを紹介してくれるというもので、素晴らしい取り組みだと思いますが、残念ながらまだまだ「多様性」という意味では十分ではありません。たとえば、「京都」で「英語」のボランティアを探すと29人がヒットするのに、「フランス語」だと「登録ゼロ」。ロシア語、ドイツ語、タイ語、スペイン語も同様です。

図表6-3をご覧ください。こちらは、文京区による2013年度のボランティアガイド団体の実態調査です。ボランティアガイドは4万1641人で、1748団体あります。それなりの数だという印象を受けるかもしれませんが、このなかで外国人観光客に対応していると回答したのは15・3%のみという、残念な結果になっているのです。そしてそのなかで9割以上が英語のみの対応で、中国語、韓国語と続き、「その他」は8%程度という状況なのです。

英語、韓国語、中国語、台湾語と、少しずつ多言語に対応してきているようですが、もちろんそれだけでは足りません。先ほど紹介したとおり、ヴェルサイユ宮殿などは11カ国語対応です。公式ホームページにしても、日本語、英語、中国語、フランス語、スペイン語という5カ国語に対応しています。さらに、マルチメディアも充実しています。無料アプリのダウンロードページもあれば、空撮しているページ、バーチャルツアーができるページ、日本語対応しているPodcastもあります。

一方の日本はどうでしょうか。JTBグループで旅行会社や宿泊施設などのウェブサイト制作や運用業務を行なうJMCが、2014年5月、日本国内の美術館と博物館の計158サイトを調査したところ、外国語対応をしているサイトは全体の75・3%にあたる119。いずれも英語のページを開設していました。韓国語は25・9%（41館）、中国語・簡体字が25・3%（40館）、

図表**6-3**　ボランティアガイドの外国人観光客対応

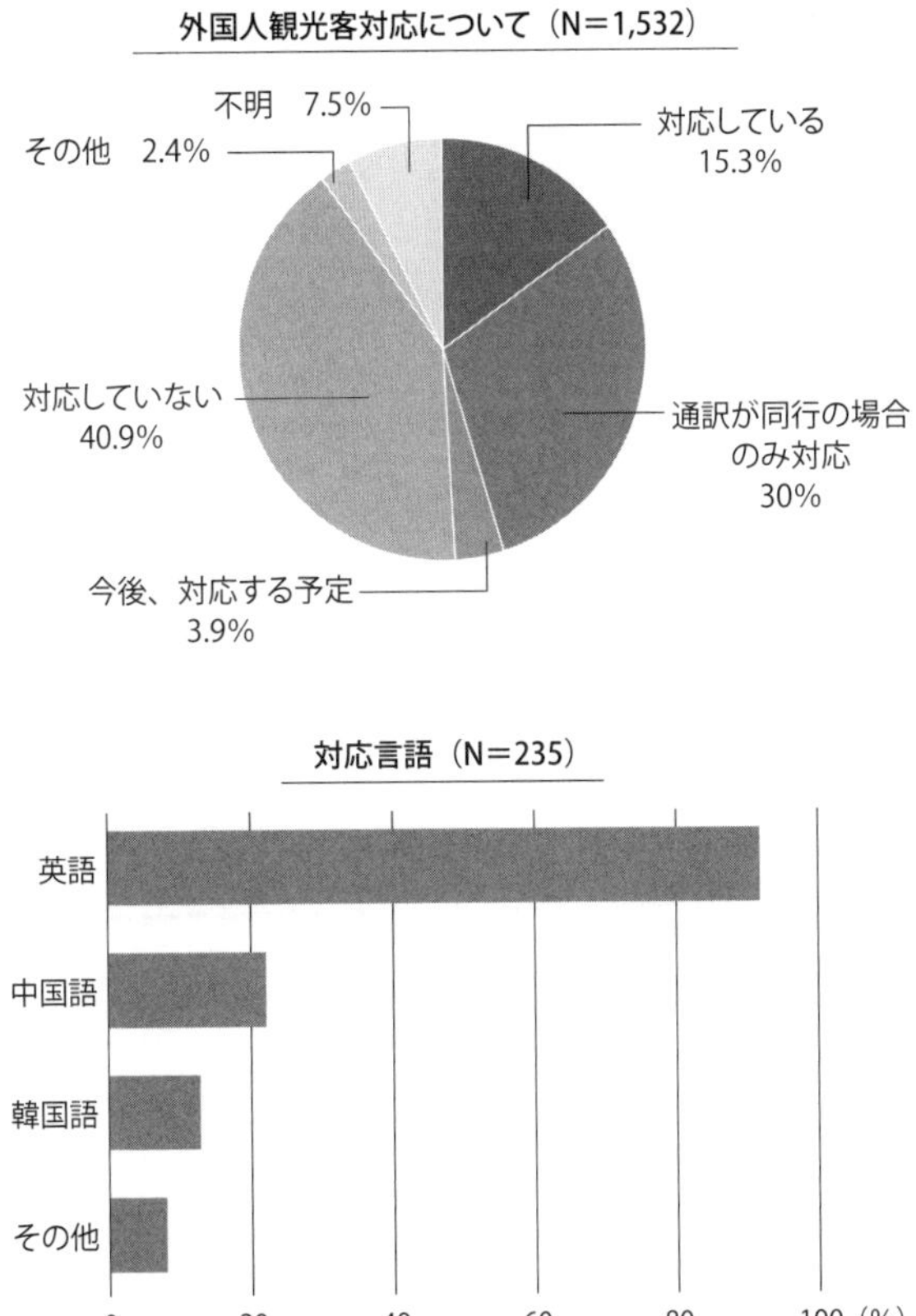

（出所）文京区「平成25年度観光ボランティアガイド団体調査結果」

中国語・繁体字が9・5%（15館）でした。ロシア語、タイ語、ドイツ語、フランス語、スペイン語、ポルトガル語、イタリア語対応というのは、いずれも数館だったそうです。また、スマートフォンやタブレット端末に最適化するレイアウト（レスポンシブ・ウェブデザイン）を採用する美術館サイトは、全体の7・0%（11館）しかなかったということです。

もちろん、これには費用の問題もあるでしょうが、やはり言語にも多様性がないと外国人観光客はやってきませんので、必要経費と割り切るべきでしょう。

ただし、多言語対応をすすめるうえで注意すべき点もあります。稀に効率化をつきつめるあまり、英語のガイドブックを1冊つくって、フランス語などの他言語でも注釈を入れているようなものも見かけますが、これは多言語になればなるほど紹介する情報が減っていくわけですから、考える必要があるでしょう。

特に多言語対応を始めてすぐの頃は、1冊のガイドブックに複数の言語の解説を載せる傾向がありますが、これは避けたほうがいいでしょう。たとえば10行の解説を14カ国語で載せれば、140行になります。1つの言語で140行の解説を書くよりは楽ですが、情報量が極端に少なくなります。クチコミによると、こういったガイドブックの評判はかんばしくありません。

とりあえず内容の充実した英語のガイドブックをつくってから、順番にいろいろな言語に翻訳していくのがいいと思います。

さらにこのような多言語対応ということで問題になってくるのが、細かい「調整」の必要性です。現状の多言語対応は、日本語をそれぞれの国の言葉に直訳しただけというものが多いのですが、これでは正しい意味は伝わりません。たとえば、外国人にとって「徳川家康」が英字になっただけでは、それが場所、動物、植物、人間のどれを示すのかすらわかりません。江戸時代もさらっと「Edo period」と訳されていることが多いのですが、外国人には西暦何年から何年が「Edo period」なのかの解説を入れないといけません。

一方で、翻訳する情報に価値がないなら、それは多言語に訳しても価値はありません。解説である以上、その中身が重要になってきます。

「国会議事堂前」が、かつては「Kokkaigijidomae」と表記されていて、明らかにおかしいということで、「National Diet Building」に変わったのはあまりにも有名です。日本語をローマ字にするのではなく、その言葉のもつ意味を訳したほうがいいでしょう。とはいえ、この程度のことは、テレビで報道するほどのことかというと、そうは思いません。National Diet Buildingになったというだけで観光客が喜ぶかといえば、あまり大きな影響はないです。

このように外国人へのガイドというのは、やはりその文化の意味合い、歴史的な背景、成り立ち、外国人が耳にして刺激を受けるであろう情報を加えるという「調整」が必要なのです。

出始めている成功例

もちろん、日本国内でもそのような「調整」がうまくいっている場所があります。そのなかの1つが東京・青山の根津美術館です。展示会ごとに、1つの美術品に対して、日本語と英語の解説をしています。パネルもあれば、音声ガイドもあります。そのパネルで、その展示品の歴史、価値、見るべきポイントなどが、専門家によって、一般のお客さんのためにわかりやすく解説してあります。

ちなみに、根津美術館は、マーケティングにも力を入れています。きちんとセグメントを定めて、そのセグメントの人にはどう発信すればいいかもしっかりと押さえていますので、外国人観光客の評価では必ずトップの座を飾ります。根津美術館は、富裕層のセグメントに力を入れています。セグメントを定めることで、見事にその評価、価値を高め、理解を深めています。

文化財では、日光東照宮も音声ガイドなどを充実させています。久能山東照宮も最近、音声ガイドを導入しました。日光東照宮が最近新設した宝物殿のパネルは非常に丁寧で、外国人にも理解がしやすいと思います。ほとんどすべての展示品に解説もついており、単に展示品のことだけではなく、家康公の生涯、日光東照宮の由緒、修理の技術など、文化財を入口にして幅広いバックボーンまで説明しています。

鶴岡八幡宮では、以前から各種イベント、海外における神楽・流鏑馬の紹介、神道の説明に力を入れていることに加え、最近は英語のホームページを充実させ、注目を集めています。また、埼玉県にある歓喜院は、文化財修理と解説の最たる成功例です。ボランティアガイドの充実した解説が評価され、きわめて少なかった参拝者をピーク時11万人弱、平均でも6万人にまで増やしました。以前は200円だった参拝料も、700円に値上げしました。

これは日本文化を知らない外国人のため、できるだけ充実した情報を提供しようという考えが文化財にも徐々に浸透してきたということかもしれません。

ガイドブックの充実

その一方で、まだまだ外国人への情報提供があまり充実していない分野もあります。それがガイドブックです。

日本の文化財で無料配布されているガイドブックは、リーフレットのように非常に薄くてカラー写真が多いのが特徴ですが、海外ではこれはあまり一般的ではありません。たとえば、イギリスのある文化財のガイドブックは平均64ページで、テキストが約3分の2を占めています。

イギリス全体や地域のガイドブックではなく、その文化財1つの解説に、それだけの情報量を提供しているのです。ちなみに、これは有料配布で、その売上はきちんとその文化財の所有者に落ちて、維持や補修の費用にあてられています。

日本人相手ならば、神社やお寺、祭りというものがいったい何かという基本的なことがわかっているので、写真を中心にして文字は少なくていいのでしょうが、外国人の場合はそうはいきません。そもそも神社とは何か、どういう歴史があって、ここにある神社にはどういう意味があるのかということを知らなくては、その文化財の価値がわからないのです。

しかし、日本の文化財に置かれた外国人観光客用のガイドブックは、日本人向けのガイドブックをそのまま翻訳したものが一般的です。これは外国人にとって、非常に物足りないガイドブックと言わざるをえません。

翻訳は必ず教養のあるネイティブのチェックを

翻訳ということが話題に出たので、これについても触れておきましょう。翻訳について、しっかりとしたルールを整備しようという動きも出てきています。たとえば、国土交通省による「観光立国実現に向けた多言語対応の改善・強化のためのガイドライン」でも、文化財の表記を統一しようという議論が出ました。たとえば、これまで京都の清水寺の表記は、以下のように複数ありました。

・Kiyomizu Temple
・Kiyomizu-dera
・Kiyomizu-dera Temple

結局は、全体をローマ字表記したうえで、外国人に意味もわかってもらえるように「寺」の部分の英訳も重ねて付記しようということになったそうで、「Kiyomizu-dera Temple」に統一するようになったそうです。

ある程度の統一ルールができるというのはいいことだと思うのですが、このような「翻訳」に関しては、やはりその国のネイティブスピーカーからの意見にも耳を傾ける必要があると思っています。それに加えて、関係している分野の教養のある人であれば申し分ありません。文化財の解説というのは非常に高度なもので、その国の歴史、文化、背景がわかっていないといけません。その辺にいる外国人留学生に軽く頼んで、できるものではないのです。

そう言うと、海外経験の長い日本人や、ターゲットとする国の文化などに造詣が深い日本人の専門家などが翻訳するというパターンが増えてきますが、これでもやはり最終的には、ネイティブのチェックが必要でしょう。

逆を考えてみてください。どんなに長く日本で暮らしている外国人であっても、やはり日本語は完璧ではありません。私自身、25年間日本に住んでいますが、この本を執筆するにあたっては、日本人の編集者の協力をあおいで、日本語の文章をチェックしていただいています。それと同じで、どんなに海外文化に精通している日本人であっても、外国人向けの解説は、やはり外国人の協力のもとでつくるのが一番なのです。

余談ですが、先日地下鉄に乗っていたら、久しぶりに英語の案内を見ました。電光掲示板に、いきなり“Announcement of transfer”と流れたのです。何だろうと思って注目していたら、日本語に切り替わり、「乗り換え案内」だということがわかりました。“Announcement of transfer”は直訳だと思いますが、「振り込みのご案内」「異動の内示」と誤解されかねません。“Transfer information”、もしくは“Train line transfer information”のほうがわかりやすいでしょう。

ただ、このような現状は、これまでもお話ししてきたように、日本が観光産業に力を入れてこなかったので、しかたがありません。これから観光立国を目指していくうえで、強化していけばいいだけの話なのです。

ガイドの有料化

そこで、これまで指摘をさせていただいたガイドの強化をすすめていくうえで、1つだけ間違ってはいけないというか、あらためなくてはいけない、根本的な考え方を指摘させていただきます。それは、できるかぎり「有料」にするべきだということです。

先ほどイギリスのガイドブックが有料だという話をしましたが、日本では「ボランティアガイド」もほとんどが「無料」です。先ほども紹介したボランティアガイド団体の実態調査でも、ガイドの対価にお金をとっているのは3〜4割で、あとはほとんど無料か交通費程度という結果が出ています。同じ日本人同士であればこのようなスタイルでも問題ないかもしれませんが、やはり外国人観光客対応ということで言えば、これはあらためたほうがいいでしょう。

なぜガイドでしっかりと収入を得なくてはいけないのかというと、文化財を維持するには、非常にお金がかかるからです。これからは、特に地方の神社仏閣の氏子、檀家は激減するので、地元だけで維持することはどんどん難しくなります。お金がなければ文化財としての魅力を維持できませんので、観光客もやってきません。入館料などの収入が落ち込むので、さらに維持が難しくなるという、悪循環に陥ってしまうのです。

特に日本では、それがさらに顕著にあらわれてしまいます。先ほども申し上げたように、国から出ているのは最低限維持するための費用だけです。大昔のように荘園があって、それで得た収入を神社、寺の運営に回すということはできませんので、国の税金とお賽銭、そして入館料で賄っているというのが現実なのです。そこに無料のガイドでは、当然高いクオリティは望めませんので、観光客の満足度も低いものになってしまうのです。

文化財などのスマホアプリもそうです。一部の事業者は、文化財の所有者が予算をつくれば開発に踏み切ろうというスタンスのようですが、これは完全に発想が逆になっています。所有者、管理者の負担ではなくて、これはやはり外国人観光客に払ってもらわないといけません。有料ダウンロードに抵抗があるのなら、その分、入場料や拝観料を値上げしてでもアプリなどを整備すべきなのです。

そういう意味では、展示パネルについての考え方もあらためるべきでしょう。解説というのは、解説するためにやっているわけではなく、対価をもらうためにやっているのです。そしてその対価は、その文化財の維持のために使われます。パネルの見学は基本的に無料なので、経済効果は薄いのです。

事実、世界中から外国人観光客が訪れるような文化財などは、ガイドが「有料」なのは当たり前です。大英博物館では、他言語音声ガイドは当然有料ですし、人間のガイドを頼めばさらに別途料金がかかります。また、ヴェルサイユ宮殿では他言語オーディオガイドは入場料に含まれてはいますが、全体を見られるコースや、宮殿の有名なスポットだけを見られるコースなどでは価格に差を出して、「多様性」をつけています。さらに、人間によるガイドツアーに参加する場合は、やはり入場料とは別に7ユーロかかります。このように、さまざまな目的に対応すると同時に、それぞれに応じた料金設定になっているのです。

このことからもわかるのは、ガイドにも「多様性」、つまり「幅」をもたせることが重要だということです。それは先ほどご紹介した「せんぐう館」の音声ガイドからもわかります。実はこのサービスを実施にするにあたって、「せんぐう館における多言語化調査事業」というものを行ないました。アメリカ、カナダ、中国、韓国、台湾という5カ国から16人を「せんぐう館」に招いて、モニタリングをしたのです。

これは統計というよりもアンケートなので、かなり個人的な感想ではありますが、それでも参考にはなります。調査対象者のすべてに音声ガイドは好評で、94%が「簡単」と答え、98%が「神宮」や「神道」について理解できたという結果が出ました。外国人観光客にとって音声ガイドというものが非常に効果的であることを裏付ける結果になったわけですが、それよりも私が注目をしたのは「今回の解説以外に、何かほしい解説はありましたか?」という質問の答えです。

なんと16人中11人が「あった」と回答しました。しかも、アメリカ人3名、カナダ人1名は、全員そのように答えています。これは、音声ガイドの内容に不満があるとか、十分ではないとかということではありません。文化に興味があるような外国人観光客は、ガイドをされたら、さらに新たな疑問が出てきて、より深く知りたいという欲求が出てくるものなのです。実際に彼らがどのようなことを知りたいのか、一例を挙げておきましょう。

「神について」、「通路にかけてある絵画について説明してほしい」、「それぞれの技巧の説明を少しだけけしてほしい」（アメリカ人）、「実際に仕事をしてつくった模型がほしかった。たとえば、梁の連結のしかたなど」「小さいスケールの模型で、配置図を説明してほしい」（カナダ人）、「どうして神宮のなかに入れないのか。糸で囲まれた石は何か」（台湾人）

いかがでしょう、実に「多様性」に富んだ質問ではないでしょうか。これらを音声ガイドですべて網羅することはできません。やはりそこで、人間のガイドが必要になってくるのです。音声ガイドは無料であってもいいかもしれませんが、さらに高い次元のサービスを求めているのですから、これはそれに見合う対価を払ってもらえばいいのです。音声ガイドで満足という人もいれば、より高いお金を払ってでも、もっと深い知識がほしいという人もいる。さらには、模型がほしいという人もいる。これらを「できません」と言って断るのではなく、お金をいただければ対応しますよというのが、「多様性」を受け入れるということなのです。

もっと「稼ぐ」ことを意識せよ

日本では観光客に対して、そんなにお金を使わせないように配慮することが「おもてなし」のように思われていますが、それは違います。観光客といえども、食事をとればお金を払うのは当然です。電車に乗る、タクシーに乗る、すべてお金を払います。それならば、文化財で好奇心と知識欲を満たしたことへの対価も、きっちりと払ってもらうのは当然ではないでしょうか。

日本の文化財は、あまりにも「稼ぐ」ということに対して淡白な印象です。現状は文化財へと向かう交通機関くらいしか儲かっていません。「そうだ、京都に行こう」というキャッチコピーで京都観光をアピールしたJR東海は潤っていますが、では京都全体はどうでしょう。先ほども申し上げたように、京都で外国人観光客が落とすお金は、国際観光都市の水準からはかなり低い、1人あたり1万3000円程度です。文化財のおかげで儲かっているJR東海が、文化財の保護や整備のために巨額の寄付をしているという話もあまり聞きません。

特に神社の場合、今日まで信仰している個人からのお気持ちで続いているので、拝観料やガイド料を徴収することに抵抗があるのだと思います。海外の教会などでも、最近までは同様でした。欧州では、今は信仰している人のための無料時間帯を作る一方、外国人観光客からは拝観料を取るのが一般的になっています。なおかつ、たとえばウェストミンスター寺院の拝観料が約3750円となっているように、かなり高いのです。

多くの文化財をもつ京都にはほとんどお金は落ちず、そこへ向かう交通機関だけが儲かっている。これは日本の文化財観光の構造的な問題なのです。文化財が儲からなければ、11カ国語対応のガイドもできませんし、外国人に訴求するような魅力を引き出していけません。すると、外国人観光客の足が向かわないという、悪循環に陥ってしまうのです。

そんなことはないと思われるかもしれませんが、これもデータが如実に示しています。そのことをご説明するために、ここから日本の文化財観光の代表的なスポットである京都を例に考えていきましょう。

まず、多くの日本人が京都は「国際観光都市」であり、多くの外国人観光客が訪れていると思っていますが、実はそうとも言えない現実があります。

京都市の発表によれば、2013年の外国人宿泊客数は113万人。日銀京都支店の試算によれば、2013年に京都府に訪れている外国人は195万8778人でした。

観光庁の調査によれば、訪日外国人観光客のなかで、およそ25%の人が「伝統文化に触れたい」と考えているそうですから、1000万人の25％、250万人くらいが、恐らく日本の伝統文化の代名詞である京都へ足を運ぶと考えられるのです。だいたい数字が合っています。

では、多く見積もって年間200万人の外国人観光客がやってきているとして、みなさんはこれを多いと思うでしょうか。

私は思いません。京都市内には現在、2992件の「文化財」があり、そのうち建造物の国宝は40件、それも含む重要文化財は207件あります。このような観光資源の質と量を考えれば、驚くほどの少なさだと思っています。

安易な比較をすべきではありませんが、大英博物館には2013年に、総入場者数670万1636人のうち、420万人の外国人が訪れていました。街全体に文化財が点在している京都という都市が、わずか200万人しか集客能力がないとは思えません。これはつまり、京都は外国人観光客がやってくるうえで、何かしらの大きな「障害」を抱えているということを示しているのです。

そしてもう1つ大きな誤解ですが、現在、京都にやってきている外国人観光客の多くが、京都市が期待するような「成熟した旅行者」ではないということです。本当にその国の伝統文化や歴史建造物や遺跡などに理解を示す〝目利き層〟であれば、そこで多くの時間を費やし、多くのお金を消費するはずです。実際に海外のさまざまな国のデータでは、文化財などに興味のある観光客は、1日10万円を消費するというデータが出ています。そして、それらは先ほどの「お金を落とす国」のランキングにあったような、主に欧米からの観光客なのです。

では、京都を訪れる外国人観光客1人あたりの消費額はいくらなのかというと、1万3000円に満たないのです。残念ながら、これが京都という観光都市の「評価」なのです。

これは、京都にやってくる外国人観光客の内訳を見ればよくわかります。トップは台湾で約23万5000人、ついでアメリカの16万4000人、中国の10万6000人となっています。オーストラリア、ドイツ、カナダ、イギリス、フランス、イタリアという「文化財観光にお金を落とす外国人」が圧倒的に少ないのです。

ここで、以前にご紹介した国籍別の調査を思い出してください。台湾人の関心が高い項目には、たしかに「日本の旅館に宿泊」がありますが、その他では「テーマパーク」などに関心が高く、中国人にいたっては「日本の伝統文化」などにはほとんど興味がありません。アメリカ人がかろうじて、「日本の歴史・伝統文化体験」に関心が強い傾向があるくらいです。

何が言いたいのかというと、国際観光都市・京都に訪れているのは、台湾や中国という日本の伝統文化に関心の低い人たちであり、「文化財」に関心にあるアメリカやヨーロッパの「お金を落とす人たち」というのは、ほとんど訪れていないのが現状なのです。ひと口に外国人観光客と言っても、国や人種によって観光の目的やポイントが違ってきます。京都では、外国人観光客とこうした観光目的のミスマッチが起こっているのです。

ここで大切なのは、本当に実在するかどうかわからない「成熟した訪日旅行者」などをつかまえることではなく、なぜ「文化財」に関心のある層、京都のメインターゲットになるような層が訪れていないのかという問題を洗い直すことではないでしょうか。

問題は発信力ではなく文化財の魅力

その問題を洗い出すうえで、あらためなくてはいけないのは、「京都を訪れる外国人観光客が少ないのは、京都の魅力をまだ十分に伝えられていないからだ。足を運んでもらえればきっとわかってもらえる」というような、根拠のない自信をもたないことです。

これは京都にかぎらず、すべての日本の観光地に言えることですが、観光客が少ないのは、残念ながらその観光地に、観光客を満足させられるだけのものがないという部分が多かれ少なかれあります。その点を改善せずに、すべての原因を「発信力」にもっていくというのは問題がありますし、いくら「目利き層」をつかまえて世界中へ発信したところで、それが観光客数や観光収入という「結果」に結びつかないのであれば、何の意味もありません。

たとえば2014年、アメリカの有名旅行雑誌「トラベル＋レジャー」が読者投票をもとに発表した世界の人気観光都市ランキングで、京都が第1位に輝きました。京都で暮らしている人間の1人としては、大変喜ばしいことではありますが、やはりこれも諸手を挙げて喜ぶことはできません。

これは実際に京都を訪れた外国人の評価ということですが、この雑誌の愛読者である以上、雑誌の志向などに大いに影響されるのは明白であり、これを客観的な統計として信頼するのはやや疑問が残ります。さらに、これがもしも正しい評価だとしても、大きな問題が生じます。

もしも旅好きの人が、京都を世界人気観光都市ナンバー1に推しているのだとしたら、なぜたった200万人しか訪れていないのでしょうか。これはつまり、一部のマニアからは高く評価されているものの、大多数の観光客には魅力が訴求されていないということですから、かなり深刻な事態と言わざるをえません。

なぜ文化財に関心が高い層が京都を避けるのか。これらの人々に振り向いてもらうためには、京都の何を改善すべきなのか。これは京都以外の地方でも同じことが言えます。外国人観光客の多くが東京・大阪に集中している今、地方に外国人観光客を呼ぶためには何が必要なのでしょうか。

「目利き層」を誘致するなどという焼け石に水的な対策をとるのではなく、本来であればくるべき層がきていないという現実を見つめて、彼らの声に耳を傾けた改善をすべきではないでしょうか。

街並みの整備は急務

本書では、日本は「気候」「自然」「文化」「食事」という4つの条件に恵まれた、世界でも稀な観光大国の素質をもつ国だと、繰り返し述べてきましたが、実は「自然」に「都市の文化」を入れると、かなりマイナス要素があります。残念ながら京都でさえ、街並みを評価している先進国の旅行者というのは、かなり少数派です。

たしかに、古い建造物もポツポツとあります。その1つひとつは歴史の長いものや、価値の高いもので、外国人にも新鮮に映りますが、やはりビルが無造作に建ち並び、統一性がない、混沌とした街というイメージしかないのです。

実際に、そのような声も聞こえてきます。2015年3月6日の『京都新聞』に、京都在中の外国人クリエーターたちが京都についての意見を交わすシンポジウムがあったという記事がありました。そのなかで、カナダ出身のイベントオーガナイザー、エリック・ルオン氏が、このような感想を漏らしていました。

「来日するまで、京都はフィレンツェのようなイメージだったが、祇園でも町家とビルがごちゃごちゃで、統一感がない」

これは、私も大いに頷けます。来日する前には、京都は昔の街並みが残る美しい都市だと思っていました。しかし、現実はそうではありません。私は自分で町家を購入して、できるかぎり建てられた当時の様子を復元して住んでいます。きっと周囲には私の町家と同じような歴史的な街並みがあったのでしょうが、今はその名残はなく、モダンな家やビル、コインパーキングなどがあります。

先日も、京都市内を歩いていたら、ヨーロッパからの外国人観光客たちから「旧市街はどこですか」と質問されました。

私もそうですが、ヨーロッパの感覚からすれば、歴史のある古い街並みは保存されるのが当たり前なので、日本が誇る古都がビルやコンビニエンスストアだらけということが、理解できなかったのです。京都に暮らす者としては昔ながらの景観があるということもご紹介したかったので、花街に連れていきました。彼らは大変喜んでくれましたが、そのなかの1人が何気なく漏らした「これだけか……」という言葉が、非常に印象的でした。

私が暮らしている京都の家は、町家を復元したものです。大工や職人のみなさんに頑張ってもらい、できるかぎり古いものをすべて再現しました。そんな家で暮らしていると、よくいろいろな営業マンがやってきて、「マンションを建てるので土地を売ってくれませんか」という話をもちかけてきます。

もう住み始めて何年にもなりますが、いまだにこれが信じられません。私の祖国イギリスでは、美しい街並みは法律でしっかりと保存しなくていけないと定められていますし、他の先進国でもそれが当たり前なのです。美しい街並みというのは、外国人観光客が喜ぶからという表層的な理由ではなく、その国で暮らす人々にとっても共有の財産だからです。

日本には残念ながら、そのような感覚はありません。以前、日本は古いものをそのまま残していく文化だと申し上げましたが、最近はあてはまりません。ですから、先ほどのエリック・ルオン氏のような落胆はよくわかります。彼と私が特殊な外国人ということではなく、多かれ少なかれ、外国人観光客はこのような思いを抱くのではないでしょうか。

京都市が2013年に実施した調査によると、京都を訪れた外国人の個別満足度を調べたところ、6割以上の人が大変満足したと回答をしたのは「街のきれいさ・清潔さ」（61・7％）、「治安」（60・5％）で、「自然・風景・街並み」は47・9％でした。

悪くないじゃないかと思われるかもしれませんが、仮にも京都は都市全体に無数の歴史的建造物や文化財がある、博物館のような都市です。そこで「風景・街並み」よりも「清潔さ」や「治安」という、東京でも出てきそうなことが満足度の上位を占めているのです。これ以上の屈辱はないのではないでしょうか。

想像してみてください。もしもみなさんがイタリアのベネチアなど歴史のある観光都市に行ったとして、「治安がよかった」「思ったよりもゴミが少なくて清潔だった」などという感想が出てくるでしょうか。ゴンドラに乗って見渡す美しい街並みや、歴史のある建造物に囲まれて、まるでタイムスリップしたような雰囲気のなかで、異国情緒を味わうのが普通ではないでしょうか。

つまり、穿った見方をすれば、京都を訪れた外国人観光客の半数以上は、期待に反して雑然としている京都の街並みに落胆し、ほかに褒める部分がないので、とりあえず「清潔」とか「治安がよい」といった感想を漏らしているのかもしれないのです。

このような話をすると、「街並みの文化」に難点があるのなら、日本は観光大国の4条件である「自然」という要件をまったく満たしていないではないかと思われるかもしれません。たしかに「都市の文化」という点では及第点どころか、落第点をつけざるをえませんが、なぜこれを合格にしたのかというと、これはまだどうにかすることができる問題だからです。

世界には、戦争や内乱で破壊されたり、統一感を失ってめちゃくちゃになった街並みを、国家がリーダーシップをとって復元した例がいくつもあります。そのなかでも有名なのは、ポーランドのワルシャワです。

第2次世界大戦後、ワルシャワは戦火で荒廃し、景観どころの話ではありませんでした。しかし、そこに歴史的価値があるとして、煉瓦のヒビ1つにいたるまで復元して、往時の街並みを回復したのです。その結果、ワルシャワは1980年、ユネスコによって「ワルシャワ歴史地区」という世界遺産に登録されています。

つまり、街並みという動かし難いイメージのあるものでも、自分たちの努力によって復元、改善できるのです。そしてそれは大きな観光資源となり、異国を体験したい人たちの望みに応えることができるのです。その満足度がクチコミとなり、いずれはより多くの観光客を招く効果につながっていくというのは、言うまでもありません。

何をするにもお金が必要

では、このような街並みの整備をするためには、何が必要でしょうか。もうおわかりでしょう。「お金」です。文化財を整備するのにも、街並みを整備するのにも、先立つものはお金です。もちろん、何もしなくてもすべて国がやってくれるというのであれば、それに越したことはありませんが、医療費がパンクして財政再建が叫ばれている今、多額の税金を景観や文化財に注ぎ込むのが難しいのは言うまでもありません。そうなると、やはり自分自身で稼ぎ、自分自身で外国人観光客がくるような魅力ある文化財に整備していかなければいけないということです。つまり、自助努力です。

ヴェルサイユ宮殿も文化財保護のために、積極的に企業などにメセナ事業の提案をしています。さらにイベント用の貸し出しなども行なっており、コンサートなども開催しています。また、外国人観光客に向けて、噴水ショー、夜の噴水ショーなども催しています。「世界遺産を見学させて入館料を徴収する」ということにとどまらず、文化財の価値を最大限活かして「稼ぐ」ことに注力しているのです。

また、これはあまり知られていませんが、1日1500万円を支払えば、宮殿の一部を個人的に借りることもできるのです。食事も大丈夫なので、「ヴェルサイユ宮殿で晩餐会」などということもできるのです。最近はイギリスの国会の一部も借りることができるようになりました。ただ単に打ち上げ花火的な宣伝ではなく、イベントのスタッフもきちんと設けて、それを営業するスタッフも複数人いるのです。

国会の品格や文化財の品位が墜ちるなど、いろいろな意見があるかもしれませんが、文化財を維持するためには莫大なお金がかかるのも事実です。「富裕層」にいかにお金を落としてもらうかを考えると、しかたない世の中になったのかもしれません。

「稼ぐ文化財」というスタイル

では、日本で一番こういった取り組みをしている文化財はどこでしょう。私は、桂離宮がそのなかの1つだと思っています。ガイドもちゃんといて、丁寧で充実した解説をしてもらえます。ただ1つ難を言えば、残念なことにすべて「無料」なのです。桂離宮という素晴らしい文化財を後世に遺し、より多くの人々に訪れてもらうようにするためには、やはりある程度の対価をとるべきだと思っています。実際、バッキンガム宮殿でガイドを頼むと、約6700円かかります。

このような「稼ぐ文化財」というスタイルは、実は日本の文化財に合っていると思っています。たとえば、文化財のなかには、立派な能舞台などがあります。ここを見学した外国人観光客は英語の解説で、「能が行なわれたステージ」と書かれている空間を見学しても、「ああ、壁に松の絵が描かれているな」という感想だけで素通りしてしまいます。

しかし、もしもここで実際に能を行なったらどうでしょうか。ヴェルサイユ宮殿の噴水ショーではありませんが、1日3回などと時間を決めて、アトラクションを行なうのです。もっと言えば、別のコンサートを行なってもいいと思います。ステージというのは、何かそこでエンターテインメントを行なうからステージなのです。それは能の舞台でも変わりません。「どうだ、古いだろ、価値があるものなんだぞ」という見せ方ではなく、文化や歴史を知らない外国人にもその価値をわかってもらうための「調整」が必要なのではないでしょうか。文化財には建築家の目線だけでなく、多様性のある目線が必要なのです。

なぜなら、伝統芸能というのも、大事な観光コンテンツの1つだからです。本来は文化財には生け花、お琴、尺八、太鼓、茶道、能などの伝統芸能が付き物のはずです。もちろん、不定期のイベントよりも、常時そういうものがあったほうがいいことは言うまでもありません。

ただ、このような伝統芸能を外国人に見せるうえで、気をつけなければいけないポイントもあります。それは、外国人だからどうせ難しいことはわからないだろうと、極端に簡略化しないことです。それは、これまでの「ガイド」や「おもてなし」のところでも述べたように、簡略化することで本来の意味が変わってきたり、本当の意味を理解できなくなってしまうからです。

その一方で、あまり細かい方法論のようなことにもフォーカスしないことが大事です。たとえば、茶道ならば、お茶碗を2度回して飲むなどの作法を説明しがちですが、それが何のために行なわれているものなのかがわからなければ、外国人にとっては意味不明の日本人の動作にしか見えません。外国人はやり方が知りたいのではなくて、その意味合い、楽しさが知りたいのです。建物ならば、専門家でなければどうやって建てたのかという建築技術より、なぜ建てたのか、何に使われたのかを知りたいと思う人のほうが多いと思います。それと同じことです。つまり、方法ではなく、その本質が知りたいのです。文字にたとえるならば、ある漢字の書き方を知りたいのではなく、最初は意味を教えてもらいたいのと同じです。

ここでもう1つ、日本の文化を紹介するうえで大事なことを伝えたいと思います。それは、安易な国際比較で日本というものを語るのは、やめたほうがいいということです。

日本人にとっての評価、意味合いを外国人に説明するのは当然ですが、説明の中で海外と比較したり、あまつさえ海外との優劣を論じるのは、相手の立場に立って慎重になったほうがよいと思います。評価はあくまで相手に委ねるべきです。これは日本文化をめぐる議論をすると、いつも感じます。

たとえば、日本は木造文化だから欧米と違うとよく言われますが、そんなことはありません。欧米でも石文化ではない国や、木造建築物はたくさんあります。日本の精神文化は特殊だ、一神教の海外とは違うとも言われますが、242の国と地域がある地球のすべての文化をふまえて比較することなど不可能です。このような発言は、相手の国によっては、非常に失礼に聞こえるかもしれません。たとえば、私も日本にやってきてから、日本人に「欧米人はこういう傾向がありますね」と国民性を指摘される経験をしていますが、そのほとんどが、イギリス人ではなくアメリカ人を指していることばかりです。日本人には、イギリスとアメリカの文化の違いを考慮しないで発言する人が非常に多い印象なのです。

観光戦略は、滞在日数から「逆算」せよ

これまでお話ししてきたような文化財の整備をすれば、当然ものすごくお金がかかります。そこで図表6‐4をご覧ください。日本の文化庁の予算は、他の観光大国と比較すると、ほとんどケタが1つ違うという状況です。

もし本当に観光立国を目指すのなら、フランスのように投資すべきです。1000億円程度の投資では、1000億円程度の観光立国にしかなることはできないのです。

このような文化財の整備の必要性を、この数年、訴えているのですが、なかなか伝わりません。外国人観光客を呼び寄せ、お金を落としてもらうためだということを説明しても、なかなかわかってもらえないのが現状です。多くの人は「言いたいことはわかるけれど、くるかこないかわからないのにお金をかけて整備などできない。外国人観光客がそれなりに増えてきたら整備する」というようなことを言うのです。これも以前に申し上げたように、整備されていないところに、外国人観光客はやってきません。まずは整備が先にあるべきなのです。

そこで最近は少し発想を変えて、文化財の整備ということではなく、「外国人観光客にどう

図表**6-4**　国家予算に占める文化予算

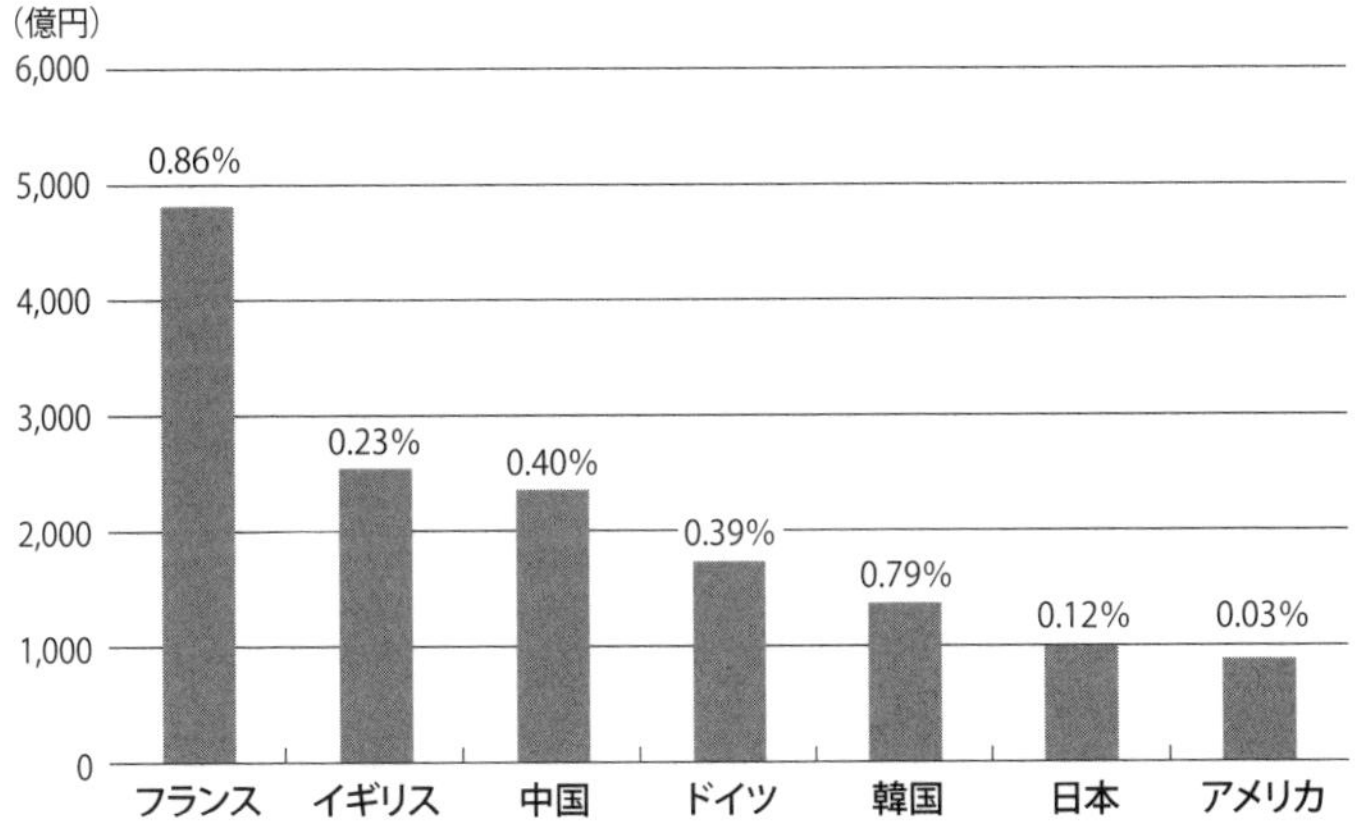

（注）%は対GDP比
（出所）文化庁資料をもとに作成

やってお金を落としてもらうか」ということからご説明するようにしています。といっても、これは東京、大阪、京都というようなところではわかりにくいので、世界遺産にもなっており、外国人観光客にとっての潜在的魅力を十分すぎるほどもっている文化財がありながら、その効果があまり出ていないような「地方」を例に出して説明をしていくと、非常にわかりやすいです。

そこで、ここでは奈良県を例に考えていきましょう。奈良は京都に隣接しており、京都に負けず劣らず価値のある文化財がたくさんあります。京都府の国指定文化財建造物は国宝が48件、それを含む重要文化財が２９３件なのに対し、奈良県は国宝が64件、重要文化財が２６１件です。しかし、奈良がそのポテンシャルを活かしているかというと、大いに疑問です。2011年の外国人観光客は、約23万人。これは東日本大震災の影響もありますので、近年はもち直してきていますが、隣の京都が200万人近くであるのと比べると、かなり大きな差がついてしまっているのです。それだけではありません。京都以上にお金が落ちていません。これはなぜかというと、ほとんどの外国人観光客は、京都を拠点にしており、奈良は「日帰り」をするからです。

日帰りなので、食事も1回か2回で終わります。アメリカ政府のデータでは、観光客の支出のうち45・3%が宿泊と食事なので、これは致命的なことです。実際にそれをうかがわせるような調査結果もあります。なんと奈良県は47都道府県のなかで、一番ホテルのベッド数が少ないというのです。

このような奈良の現状を考えると、手をつけなくてはいけないのは、単に外国人観光客を誘致するということではなく、奈良に呼んでからいかに長く「滞在」させるかということなのは明白でしょう。

そこで文化財です。世界の文化財を見てください。エジプトのピラミッドでも、カンボジアのアンコール・ワットでも、文化財の観光というのは、ほとんどが1日がかりです。フランスのヴェルサイユ宮殿やイギリスの大英博物館などは、1日では回りきれないなので、2日かける人もいます。このような文化財を観光するためには、当然、近くのホテルに宿泊しなくてはいけません。ホテルにお金を落とす、文化財観光が終われば食事をする。せっかく遊びにきているのですから、食事が終わったらすぐにホテルで寝るという人は少数派で、そこからお酒を楽しんだり、夜の街を散策したりというナイトライフを楽しむのが一般的です。

つまり、時間をかけて観光をするような文化財があれば、そこを入口にして、その地域にはシャワー効果のようにお金が落ちるようになっているのです。

では、そのような視点で奈良に何が必要なのかを見ていきましょう。ご存知のように、奈良にも世界に誇るような立派な文化財がたくさんあります。すぐに思い浮かぶものを列挙するだけでも、春日大社、東大寺、興福寺、唐招提寺、薬師寺、元興寺、春日山原始林などです。これらの文化財に1カ所1日を費やしてもらえば、理屈上は、奈良は外国人観光客が1週間滞在する観光地になることができるのです。

つまり、1週間滞在してもらうためにどうすればいいかを考えて、それを再分配すると、たとえば春日大社に1日滞在する必要があるという答えが出てきます。そのために何をすべきか考えればいいのです。

まず社殿のガイドを充実させることで、外国人観光客から出る質問や疑問に、深く適切に答えるようにしていくことです。これだけしっかりと観光できれば、半日程度はすぐにたってしまうでしょう。逆に言えば、社殿の観光に半日使ってほしいのですから、半日になるように、ガイドの内容を組み立てればよいのです。

ただ、それでもまだ1日にはなりません。そこで何があるかというと、春日大社には宝物殿があり、萬葉植物園や鹿苑などもある。そこを回ってもらえばいいのです。興味をもって回ってもらうには当然、こちらにもガイドが必要です。具体的には、1日コースを実現するためには1カ所に何時間滞在してもらう必要があるかを考えて、そのために、たとえば宝物殿に何分滞在してもらえばいいのかを考えるのです。さらに、その時間滞在してもらうためには、展示品が何点あるので、1点あたり何分かけてもらうのか、そのためにはどの程度の解説が必要かを考え、整備をしていけばいいのです。

これで春日大社を1日かけて観光してもらえるようになりましたが、こうなると新たな問題が出てきます。春日大社に1日いてもらう以上、春日大社周辺から離れることなくランチをとってもらわなくてはいけないのです。ところが、春日大社には庭園喫茶しかありません。メニューは万葉粥などはありますが、日本食が食べたいというニーズにも応えなくてはならないでしょう。また、和食以外の軽食も必要かもしれません。外国人観光客がスムーズに食事をとれるレストランのようなものがなくてはいけません。外国人観光客のなかには高齢者や身体に障害をもっている方もいるでしょうから、歩き疲れた人たち用のベンチも必要ですし、バリアフリーの設備も必要です。休憩ができるようなカフェもあればいいかもしれません。迷わないような案内板も必要です。

さらに、もっと長く滞在してもらおうとするのなら、見学をするだけでは飽きてしまう人もいるかもしれませんので、外国人でも理解できるようなイベントも必要になってきます。日本の「参拝」をしっかりと体験してもらうようなツアーなどを整備するのもいいでしょう。御神楽、生け花、書道など、さまざまなイベントが考えられます。

このように、春日大社を1日で見学することができないほどの観光地に整備すれば、当然、その近くのホテルも整備しなくてはいけません。先ほどもお話ししたように、ここでも「多様性」が重要になります。バックパッカーが宿泊できるようなドミトリーもあれば、ビジネスホテル、シティホテルもある。〝上〟も見なくてはいけませんので、高級ホテルや富裕層向けの1泊数百万円のホテルもあれば、申し分ありません。

ただ、春日大社とホテルの往復だけでは、地域にお金が十分に落ちませんし、外国人観光客も面白くありません。春日大社周辺の施設が閉まってしまうのは夕方5時くらいですから、ホテルで食事をして、そのまま寝るというわけにはいきません。夜のエンターテインメントが必要です。たとえば、外国人が利用しやすいショッピングセンター、観劇なども整備しなくてはいけません。また、奈良だけではなく京都や大阪なども観光している人ならば、そろそろ違うものも食べたいはずですから、和食以外のレストランも充実していなくてはいけません。外国人観光客がくつろげるバーなども必要になってくるはずです。翌日は東大寺の1日コースでしょうか。

このように外国人観光客の視点で1カ所に1日滞在しようと思うと、いろいろなものが必要なことに気づくのではないでしょうか。これを整備していけばいいのです。整備されていないので、外国人観光客は1時間で見学を終えてしまうのです。魅力が尽きない文化財になれば、自然と外国人観光客は長く滞在するのです。外国人がくるのを待つ受け身の観光戦略からは、脱却しなければなりません。

このような整備が終わったら、次はコースの充実です。観光大国になるにはリピーターが必要不可欠なので、日本に何度も訪れるような動機づけをしなくてはならないのです。

京都を数日回って奈良に1日、あとは東京か大阪ですべてが終わってしまうような観光では、日本観光は一生に1度でいいという人が大半で、リピーターが生まれません。そうならないためには、奈良1週間コース、京都1週間コース、日本庭園1週間コース、和歌山1週間コースなど、さまざまなテーマでめぐる観光コースが必要になります。外国人観光客を飽きさせることのないコースをいくつもつくることによって、「今回も日本を回りきれなかった、またきたい」と思わせることが、きわめて重要になってきます。

このような整備を終えて始めて、「観光大国」というものが成立するのです。

始まりつつある新たな取り組み

私は滞在日数や観光収入ということから「逆算」して、このような整備が必要だという結論にたどり着きましたが、奈良県でもやはりこのような結論にいたったのか、ここで挙げたような整備が徐々に始まりつつあります。

たとえば２０１５年１月30日には、ＩＴの活用による観光政策の研究を行なっているソフトバンクグループと奈良県が、外国人観光客向けの奈良県公式ガイドアプリ「Nara Audio Guide」の提供を開始しました。iBeaconを活用し、アプリをインストールしたスマートフォンがBeaconに近づくとガイドコンテンツが立ち上がり、動画が再生されるというもので、このようなシステムは日本初です。

現在、英語、中国語（簡体字）、韓国語の３カ国語で、春日大社の巫女さんが参拝方法や歴史、祭祀などの解説をしてくれるそうです。春日大社だけではなく、東大寺や興福寺などにも拡大していく予定だということです。春日大社境内には公衆無線ＬＡＮなどの通信環境が整備されていないため、外国人観光客向けにポケットＷｉ－Ｆｉの無料レンタルサービスも実施し始めました。また、タブレット型の通訳サービス「SMILE CALL」も導入するそうです。これこそまさに「文化財に1分1秒でも長く滞在させる」ということを目的とした整備と言えましょう。

さらに、これは奈良ではありませんが、「文化財観光の後」を充実させるための整備も、各地で少しずつですが始まっています。その代表が、京都で上演されている舞台劇「ギア―GEAR―」です。外国人観光客の間で人気となっており、世界最大の旅行クチコミサイト「Trip Advisor」で、京都市内の観光スポット350カ所中、伏見稲荷大社に次ぐ第2位になるほど注目を集めているのです。

「ギア―GEAR―」は三条通にある多目的ホール「アートコンプレックス1928」で繰り広げられるノンバーバル舞台劇で、ブロードウェイの「ブルーマン」のようにすべて無言で行なわれるパフォーマンスです。ユニークな動きだけではなく、プロジェクションマッピングなども駆使しており、言葉や文化の異なる人が見ても楽しめるようになっています。

この「ギア―GEAR―」を運営する有限会社一九二八の小原啓渡代表は、京都は観光客にとって魅力的な場所ではあるが、神社仏閣は拝観時間が短く、観光スポットと呼ばれる地域でも早めに営業を終了してしまう店舗が多いと感じていたそうです。訪れた外国人観光客から「日本の夜は、長くて退屈」という声が上がることもしばしばという現状を痛感し、このようなパフォーマンスを立ち上げたそうです。

まさしく、本章で私が行なった、外国人観光客を満足させるためには何が必要なのかという

「逆算」から生み出されたエンターテインメントなのです。このような発想が日本の地方都市で同時多発的に起き始めると、日本の観光産業は大きく変わっていくのではないでしょうか。

「統合リゾート」も手法の1つ

この「ギア―GEAR―」のように、外国人観光客の満足度を上げよう、お金を落としてもらおうという発想の集大成が、リゾートです。1週間くらい滞在してもいいようなビーチリゾート、あるいはスキーリゾートがあればいいでしょう。

そこでよく言われるのが、現在、議論になっている「統合リゾート」です。これはホテルのほかに、国際会議場、ショッピングモール、劇場やコンサートホール、アミューズメントパーク、そしてカジノなどがすべて含まれているというものです。このような「統合リゾート」のよいところは、長期滞在をさせられることです。長く滞在してもらうということは、それだけお金を落としてもらえます。そこにカジノなどがあれば富裕層などもやってくるので、観光収入の大幅な増加が見込まれるでしょう。マカオやシンガポールの観光収入がきわだって高いのは、この「統合リゾート」の影響であることは言うまでもありません。

それはなぜかというと、カジノにくる富裕層は選別眼のある観光客だからです。自らが付加価値を認められる差別化されたユニークな経験に対しては、進んでプレミアムを支払います。

彼らを呼び込むことは、日本文化の価値を理解してもらうだけでなく、対価を払ってくれる人を誘致するためにも有利な手段です。本書で何度も強調したとおり、支出額の多い観光客を増やす方策を考えるべきなのです。

ただ、ここで肝に銘じておくべきなのは、「統合リゾート」をやればいきなり外国人観光客が押し寄せて、すべてがバラ色の未来になるわけではないということです。世界中で、観光産業の競争が激化している中、カジノをつくって富裕層を取り込もうとしている国も少なくありません。やはり、これまでお話ししてきたように、これが足りない、あれが足りないと考え、1つひとつ地道な「整備」をしていくことが、外国人観光客招致や観光収入アップに結びつくのです。立派な「統合リゾート」をつくると同時に、周辺の文化財も整備して、多言語対応もすれば、その効果は拡大します。カジノというと依存症が心配されますが、富裕層をターゲットにすることによって、その問題は解決できます。

文化財という強みを活かし、その周辺も整備する。そして外国人観光客を長期滞在させるためには何が足りないのかを1つひとつ考えて、「調整」をしていけば、日本は「観光大国」になれるのです。その取り組みはすでに始まっているのかもしれません。

観光は一大産業であると自覚せよ

その取り組みを成功させるためにも、やはり観光を「産業」として考えるべきだということを、最後に強調させていただきます。

日本の観光戦略を見ていると、日本文化を広めたい、日本文化を理解してもらいたい、日本人の精神性を見てもらいたいといった、本来は二次的であるべき目的が込められていることが多いのです。これは海外から見ると、単なる文化の押し付けになりかねない、非常にリスキーな行為です。

ほとんどの国の人は、自国の文化だけで十分なのです。みな日本文化には興味があるし、体験してみたいけれども、それは日本に滞在している間だけでいいのです。観光客の一義的な目的は、楽しみたい、刺激がほしいということです。ですので、楽しませる、刺激を与える対価として、お金を落としてもらうのは当然なのです。

そして「産業」として考えるべきもう1つの理由は、気を引き締めるためです。何度も申し上げているように、観光業は世界各国が注目している大事な収入源になっています。つまり、世界中が競争相手になりますので、このなかで「大国」という評価を得るのは、それほど甘くありません。「日本のよさがわかってくれたらきてください」という気持ちでは決して勝てませんし、それでは世界の観光客に「魅力」を届けることもできないのです。「大国」かどうかを計るのは、観光収入以外、ありえないのです。

その一方で、「産業」と考えることで避けられるトラブルもあります。観光立国を推進していくと、日本を訪れる外国人たちがみな、日本のルールを守るとはかぎらないという負の側面があります。日本で暮らす日本人が負荷を背負う、迷惑を被るという場面が出てくるのは、容易に想像できます。そのとき、それを緩和させられるのは、経済効果です。お金を落とす「お客さま」を迎えるための負荷であれば、住民も納得できます。そのためには、やはり観光は「奉仕」ではなく、「産業」であるべきなのです。

そもそも、「観光」とは、外国人を「おもてなし」することではなく、お金を払ってくれる外国人にしっかりとしたサービスを提供することなのですから。

おわりに

2020年東京オリンピックという審判の日

最後までお読みいただき、ありがとうございます。「はじめに」でも書いたように、長年アナリストとして活動をしてきた私が「観光立国」を提言する本を書こうと思ったのは、少子高齢化がすすんでいく日本を客観的に分析していくと、大きな成長を期待できるのはこの分野だという確信にいたったからです。

移民という、社会環境を大きく変化させる政策を受け入れることが難しい日本において、人口に左右されるGDPをこれからも押し上げていくためにはどうすればいいのか。このことを客観的に分析していくと、「外国人観光客」という名の「短期移民」を招き、彼らにお金を落としてもらって成長に結びつけていくというシナリオがもっとも効率的であり、現実的だということを知っていただきたかったからなのです。

ただ、それだけではありません。もう1つの動機は、「もったいない」という思いからです。日本は「観光大国」になるだけのポテンシャルがありながら、それをなかなか活かせていません。産業として力を入れてこなかった分野なのでしかたのない部分もありますが、なんとももどかしい感じがしていたのです。

それは現在、文化財の仕事をしているからかもしれません。私自身は、日本の文化財、日本の伝統文化というものを非常に素晴らしいと感じていますが、では、それが外国人観光客にどれほど伝わっているのかというと、ほとんど伝わっていないと思っています。いや、日本人自身、どれほど日本の文化財の魅力がわかっているのか、実のところ大いに疑問です。仕事で、全国の素晴らしい文化財を間近に見ることができるだけに、それが悔しいというか、残念でたまらないのです。

なぜこのような世界に発信できる「武器」がありながら、もっと活用しないのか。日本のポテンシャルを考えれば、1300万人の外国人観光客というのは少なすぎます。そんな「もったいない」という思いがさらに強まった契機が、東京オリンピックの開催決定です。

日本では「おもてなし」を世界へアピールすると大いに盛り上がっていますが、本書のなかで触れたように、世界はそれとは対照的に、冷ややかな目を向けていました。このような「勘違い」をしたまま東京オリンピックにつきすすんでしまっては、さらに「観光大国」になる道が遠ざかってしまう、そんな心配をしたからです。

日本のマスコミや観光の専門家などは、東京オリンピックへ向けて外国人観光客が増加していくと分析しています。それはそのとおりでしょう。世界中が注目する国際イベントですから、極端な話、何もしなくても外国人観光客は右肩上がりで増えていくのです。そういう意味では、日本政府が掲げている2020年に2000万人という目標も達成できるのかもしれません。

ただ、問題はその後です。オリンピックを観戦するために日本にやってきた外国人観光客たちが、日本のあまりに整備されていない文化財、都市の景観、多言語対応、交通機関の不親切さを目の当たりにしたらどうでしょう。「オリンピックが開催されているからやってきたけど、もう十分だな」と思われてしまうのではないでしょうか。そして、それはクチコミでそれぞれの国へ一気に広まってしまいます。つまり、オリンピックというのは、世界中から外国人観光客が訪れるという特需が期待される一方で、厳しい目でチェックされる「審判の日」でもあるのです。

実際に過去のオリンピック開催国を見ると、開催の翌年は反動で大幅に外国人観光客が落ち込んでいます。ロンドンはさまざまな工夫をしたため落ち込みませんでしたが、減少する国のほうが多いのです。だいたい翌々年には復調するようですが、そこであまりにも外国人観光客から不評を買えば、落ち込んだままという最悪の事態も考えられます。これまで1300万人ほどしか外国人が訪れてない日本が、そうならないという保証はどこにもありません。

本書でも説明しましたが、「観光大国」というのは「何度行ってもきりがない」と外国人観光客に思わせることができる国です。1週間滞在したけれど、まだまだ遊び足りない、まだまだ観光したいスポットがたくさんある、今度きたときはチャレンジしたい食事や体験がある。そんなふうに思わせることができる国です。

そういう意味では残念ながら、今の日本はそのようになっていません。東京や大阪で買い物をし、日本食を体験して数日で帰国してしまうパターンが多く、京都だけに何度も訪れたり、今回は奈良に行ってみたから次回は九州へ旅行しようと考える外国人観光客は、まだまだ少数派です。これは本当に「もったいない」です。私も文化財の修繕で日本中をかけ回りますが、日本の地方にはまだまだ素晴らしい場所がたくさんあります。手つかずの自然もあるし、九州や中国地方の神話の舞台になっている場所など、整備さえすれば立派な観光資源になる場所も多く存在しています。

いろいろとマイナスの部分を指摘させていただきましたが、それらはすべて裏を返せば、プラスに転じることができるポイントということです。つまり、自民党の二階俊博氏が著書『観光立国宣言』（丸ノ内出版、2000年）の中で15年も前から指摘されているように、やりようによっては大きな成長が見込める分野ということでもあるのです。日本は先進国として成熟しており、今後大きく成長する分野も少なくなってきているなかで、これは非常に大きな「希望」だと思っています。

まだまだ日本は成長する余地がある。実はこれこそが、本書で一番お伝えしたかったことなのです。

これは本来、私のような外国人ではなく、日本人自身が気づき、そして提言すべきことかもしれません。イギリス人である私が日本の産業のあり方に口を挟むのは、気がひけるのはたしかでした。ただ、観光業は外国人を相手にする産業であると同時に、日本経済のことを長く見てきた1人のアナリストとして、やはり黙っていることはできなかったのです。

年間8200万人の外国人観光客が訪日する2030年を創造するという私の提言によって、日本の「観光産業」が少しでもよい方向へすすんでいただければ、これほどうれしいことはありません。

【著者紹介】
デービッド・アトキンソン
小西美術工藝社代表取締役社長。元ゴールドマン・サックスアナリスト。裏千家茶名「宗真」拝受。
1965年、イギリス生まれ。オックスフォード大学「日本学」専攻。1992年にゴールドマン・サックス入社。日本の不良債権の実態を暴くレポートを発表し、注目を集める。1998年に同社managing director（取締役）、2006年にpartner（共同出資者）となるが、マネーゲームを達観するに至り、2007年に退社。同社での活動中、1999年に裏千家に入門。日本の伝統文化に親しみ、2006年には茶名「宗真」を拝受する。2009年、創立300年余りの国宝・重要文化財の補修を手掛ける小西美術工藝社に入社、取締役に就任。2010年に代表取締役会長、2011年に同会長兼社長に就任し、日本の伝統文化を守りつつ、旧習の縮図である伝統文化財をめぐる行政や業界の改革への提言を続けている。著書にベストセラー『イギリス人アナリスト　日本の国宝を守る』（講談社＋α新書）などがある。

デービッド・アトキンソン　新・観光立国論
イギリス人アナリストが提言する21世紀の「所得倍増計画」

2015年6月18日発行

著　者——デービッド・アトキンソン
発行者——山縣裕一郎
発行所——東洋経済新報社
〒103-8345　東京都中央区日本橋本石町 1-2-1
電話＝東洋経済コールセンター　03(5605)7021
http://toyokeizai.net/

装　丁…………石間　淳
ＤＴＰ…………アイランドコレクション
印刷・製本……図書印刷
編集協力………窪田順生
編集担当………桑原哲也
 Printed in Japan　ISBN 978-4-492-50275-4